戴晨志 著

真情相待，都是人性美與善的循環

感動的時刻，力量最大

〈自序〉

感動，不是單行道
是讓彼此看見人生美好的風景

戴晨志

有一次，我受邀到某一個學校，對全校師生演講。因該校的音響設備不是很好，所以校方就「外包音響」，請校外的專業音響師傅，做最好的音響呈現。而我，也自備電腦、投影機，讓現場聽講的師生，有一場最好的「聲光、音響視聽效果」。

演講結束，我開車離開該學校了。

其實，開車來去、又在台上站了兩小時，用心、專注地演講，身體與聲音，也都是滿勞累、疲倦的。

當天晚上，我在下榻的旅館內休息。快到深夜時，我的手機，忽然傳來了一則私訊；我一看，心裡有點驚訝。因為，傳私訊給我的，不是當天在場聽講的校長、老師，或是學生……傳給我私訊的，竟然是當天在演講會場的「一個人」……

是誰、是誰呢？……太出乎我意外了。

他，私訊給我說：「戴老師，我是今天您演講會場的音響音控師，謝謝老師的演講，讓我受益良多……感恩老師！」

天哪，這真是讓我料想不到的「一個人」啊。

他主動在我的臉書粉絲團裡，私訊給我；也用簡單的幾個字，表達「他的真心謝意」。

其實，我並不認識他，但我想起來了——在我那天演講時，全校學生都專心地聽我演講，偶有一些老師，還坐在後面小聲講話……但，坐在禮堂側邊音響控制區的「音控師」，除了幫我把聲音調控到最好之外，也很專心、認真地「一邊聽、一邊寫筆記」……

當下，我很感動。但，萬萬沒想到，演講結束後的晚上、快到深夜時，竟然收到「音控師的真誠感謝」私訊。

此時，我想起了兩個字——「偷學」。

「偷學」兩個字，重點不是「偷」，而是「學」。

「偷學」，是說一個人，在不經意的時候，以「用心、努力、積極、主動學習的態度」，把別人的智慧、專業，偷偷地學起來，也趕快「放進自己的腦袋」。

所以，「偷學」——並不是「責備」，而是「讚美」啊！

我們身邊，處處都是「我們的老師」。有好的話、好的概念、好的智慧、好的舉止、好的義行……都值得我們「偷偷的學習起來、寫在筆記、記在腦海……」我們都可以向身邊的人學習，或是「挖寶」啊！

這，就是——**「偷學、多學、勤學」**。

記得一次，我受邀到馬來西亞雲頂，為一家保險公司的「年度表揚大會」演講。在我演講前，公司也表揚許多傑出的保險同仁。

其中，一位得到「全馬來西亞業績第一名的男士」，在千人的掌聲中，緩緩地走上台；他手上，抱著同仁們送給他的花束，花束多到快抱不住了……

這中年男士，站在千人的講台上，一手抱著花束、一手拿著麥克風，眼眶流下淚水、哽咽地用華語大聲說到：**「若要人前顯貴，就要人後受罪……」**

當時，我坐在會場第一排，一聽到這句話，真的太感動了。

保險公司的業務同仁，工作非常辛苦，能夠拿到全馬來西亞業績的第一名，是多麼不容易啊！

當下，我偷學到這句話：「若要人前顯貴，就要人後受罪。」

也有一次，我受邀在馬來西亞檳城演講，曾在路邊的一家幼稚園廣告看板上，看到一句話：

「孩子們喜歡去好玩的地方，
但他們只留在有愛的地方。」

這句話讓我感觸良深，我也立刻「記錄、偷學」下來。

好玩的地方，每個孩子都喜歡去、都想去；但孩子們也只想留在——「有愛、有溫暖」的地方啊。

身為父母的我們，都要留意——

我們「愛的存款簿」中的存款，是多？還是少？……還是負的？

「愛的存款簿」的存款若是多的、豐富的，孩子自然喜歡和父母溫暖地在一起；「愛的存款簿」若是少的、負數的，孩子就會逐漸疏離，或是與父母感情不睦……

另有一次，我到嘉義縣大林鎮探視小學同學；下午四點多，大林國中下課，我剛好開車經過，看到很多大林國中的男女同學，都騎著腳踏車回家。我驚訝地發現，同學們沒人指揮，卻非常有秩序地，不搶道、不喧鬧、不併排，井然有序的，一輛、一輛接一輛地向前騎。

我在台北待久了，看到一般中小學校下課時，校門口外，停滿很多名貴的轎車，也擠滿了很多父母、長輩，來接小孩放學回家。然而，在鄉下，這些孩子們，自己卻是要辛苦地獨自騎腳踏車，一輛接著一輛、自己奮力小心向前騎，才能回到家。

他們的父母，可能還在農田裡忙碌、或正辛勤上班、顧店、販賣賺錢，所以，沒空、或沒有名貴轎車會來接送；孩子，只有自己靠自己，勇敢騎著腳踏車、戴著安全帽、盡量靠著右邊騎，才能平安回到家。

「沒有傘的孩子，在下雨中，會跑得特別快。」

沒有轎車接送的孩子，不管大熱天、大雨天，都要靠自己騎腳踏車，才能平安回到家裡。

在街道中，這一輛接一輛「有秩序的腳踏車龍」，讓我看見——大林鄉下孩子，「獨立自強、遵守秩序、努力向前的美麗風景。」

【附記】

我這一生，因緣際會，有幸寫了五十多本書，也很開心地、受邀在海內外各地演講三千多場。

在我的成長中、在學習中、在職場中、在與讀者互動中、在海內外四處演講中，我受到很多人的幫助，也看到、感受到許多的「溫暖與感動」。

這本《感動的時刻，力量最大》，是我書寫我這一生、一路走來，所遇見的「令我感動的故事」。

人生，就是一種「信念」，

只要「相信美好」，就會「遇見美好」。

而我，也珍惜「每一次遇見的緣分、美好、與感動」。

目次

第二章

感心

感動瞬間，就在身邊

第三章 堅毅

堅強信念，化為行動

第四章 良善
善心美意，散播能量

第五章

新意
創意用心，充滿信心

第一章

感念

真情溫暖，令人懷念

龔老師的獎狀

一封遲了四十餘年的來信，道不盡的感謝之意。

前一陣子，有人在我臉書私訊我，問道：「戴先生，您好！冒昧詢問一下，龔麗卿老師是您母親嗎？她是否曾於民國六十六年，服務於淡水竹圍國小？……若是，那我就是她的學生！若不是，抱歉，打擾了！」

接到此信，我回覆對方：「是的。」

對方立刻回覆我：「戴先生，太開心了！我念小學四年級時，家裡是養鴨人家，我是一個髒髒臭臭、其貌不揚的鄉下小孩。我的功課還不錯，但寫作業會偷懶……

我要感謝龔老師不以貌取人，她看到我外在以外的優點。那一年，龔老師給我當了模範生，得到一張獎狀……這張獎狀，父親一直幫我放在鐵盒保存，直到父親三年前去世，我在整理遺物時才發現，又勾起我對龔老師的記憶與懷念……」

這位先生說，他姓柯。他也把民國六十六年（一九七七年），獲得模範生的泛黃獎狀，傳寄給我。

我告訴柯先生，母親現在生病住院、也是疫情期間，不方便探視……

柯先生又跟我說：「一個學生，在四十幾年後，還會想上網、搜尋小學時期的老師，就是他沒有忘記這位老師啊……」

後來，我把母親最近的一些照片，傳給柯先生看。

他回覆道：「距離小學已經很遠了，但龔老師的身影容貌，我都還記得；

看到她晚年的照片，可以依稀看得到她當我導師時的身影。」

柯先生又對我說：「我會一直記著龔老師，也不全然是因為她讓我領了『一張模範生的獎狀』……我的小學，經歷了五位老師，有的老師鄉音太重的完全聽不懂、也有的老師非常勢利，用言語霸凌我這個鄉下小孩、嘲笑我的父母親生了八個小孩……

但是，只有龔老師，讓我感受到溫暖，因為她不會因為我穿得破破爛爛、髒兮兮的，而歧視我。

我的作業偷工減料，她也不說破，她只叫我『不要漏掉』而已！

龔老師擔任我小學三、四年級導師，她給我打的成績單，全部都是『甲』，只有寫字是『乙』；我寫字不好看，是事實，功課不錯也

是事實，但龔老師對我們，都是溫暖而公正……」

柯先生後來努力上進、用功讀書；中國醫藥大學畢業，懸壺濟世，現在是一位執業的中醫師。

我去醫院探望母親時，把這件事告訴了母親。只是，躺在病床上多時的母親、她的眼睛虛弱、無神地看著我……她應該已不記得，這將近五十年前的往事了。

教育無他，唯「愛與榜樣」而已。

我感謝柯先生告訴我，這件我以前不知道的——「有關母親的故事」。

「做一個令人懷念的人」，一直是我提醒自己的目標。

我也回覆柯先生：「請把我母親對你的鼓勵與愛，轉傳給你的家人、朋友、親人……」

母親一生在各個偏遠小學教書，這個小故事，是她在最後重病住院時，她過去的學生主動和我聯繫，我才知道有這段與學生互動的故事。

其實，母親已在二〇一二年四月過世，但她給我最深刻的印象是——她跟別人說話時，總是「輕聲細語、面帶微笑」；她總是喜歡主

動「關心別人、幫助別人」。她常到醫院當志工，也到病房去探視病患，也做唱詩歌、傳福音的關懷工作。

母親曾跟我說：「**主動關懷別人、問候別人，人與人之間的感情，就會加溫。**」

真的，母親一直覺得，她的人生使命，就是在信仰、在教會、在學校、在幫助別人；而她的行動與說話，總是「充滿愛的溫度」。

蘇俄作家高爾基說：「世界上一切的光榮和驕傲，都來自母親。」

的確，人的一生，若有些值得誇耀的成績與成就，最應該感謝的，就是「無怨無悔、不辭辛勞、一生辛苦的母親」啊！

拿著麥克風的勇敢身影

一手牽著男孩，一手抱著嬰兒的母親，
無懼地踏上了千人的舞台……

在演講時，我的心中，常會想起——我曾受邀在彰化縣「員林演藝廳」的一場演講。

演講當天，所有來自各地的聽眾，把樓下、樓上的千人座位，幾乎都坐滿了。在演講結束前，我邀請現場所有的聽眾朋友，能夠主動上台，分享在這演藝廳、聽我演講中「印象最深刻、最受用的一句話、或最喜歡的一句話」。

可是，上台分享，有沒有獎品呢？

「不，是沒有獎品的。」

唯一的獎品是，站上台上分享時，可以有一張「和戴老師的合照」；這張在千人台上的合照，就是一張珍貴的「獎品」。

那天，我的遊戲規則是——想上台分享的時間，「只有二十秒」。如果二十秒之內，你沒有主動上台，那麼，機會就會消失。

結果，不到二十秒的時間，就有十多位男女聽眾，從會場的各個角落主動站出來，快步、主動、勇敢地站上演講舞台。

讓我印象最深刻的是——有一位媽媽，右手帶著一名幼小的兒子上台，而且這媽媽的左手上，還抱著一名「正在熟睡的小嬰兒」。

輪到這媽媽拿著麥克風在台上分享時，全場聽眾，都不禁主動地為這媽媽「大聲鼓掌、盡情喝采、鼓勵」。

想想，如果換成是我自己，我敢帶著一個小男孩、又手上抱著一名嬰兒，站上近一千人的大舞台、開口講話嗎？

真的，在眾目睽睽之中，要這樣上台，除非是「很有心」，否則是非常、非常不容易的。

而且，這媽媽除了以身作則、自己分享之外，也鼓勵自己的小男孩，面對台下聽眾，勇敢開口講話……

當時，我問這媽媽：「妳們是全家三個人，一起來聽演講嗎？」

這媽媽說：「不，是四個人，還有一個念國中的女兒，坐在聽眾席上，她說不敢上台……我覺得，我要做我兒子、女兒的表率、以身作則，所以，我就趕快、勇敢地站出來了……」

很多人常常抱怨——「自己沒有機會、自己沒有舞台、自己不被看重……」可是，你願意在群眾之中，勇敢舉手、勇敢上台、訓練自己嗎？你願意「自信、從容、微笑」，或「緊張、心怦怦跳的」，勇敢爭取上台的機會嗎？

人生的舞台，在哪裡？——

在**「勇敢舉手」**裡
在**「自我信心」**裡
在**「不畏嘲笑」**裡
在**「勇往直前」**裡
在**「積極實踐」**裡

人生，最讓人難過、遺憾的是——有些人的一生，就是一直坐著、或一直站在原地，永遠不出發、不上台、不行動、不前進……

而這位媽媽，則是「主動、積極、以身作則」，帶著孩子勇敢上台，來訓練孩子的「自信」與「勇氣」，真讓我感到無限的敬佩啊！

人可以選擇坐著、躺著、不動；也可以選擇舉手、跨出一步、勇敢站到台上。

我一直對這位「勇敢帶嬰孩、兒子上台的媽媽」，印象深刻，也充滿敬佩之心。因為，我在想，如果是我的話，我可能也沒有這樣的勇氣，站到千人的舞台上。

我們可能都不是了不起的天才，可是，我們可以選擇一條正確的路——用「傻勁」與「衝勁」，勇敢、堅持地走下去。

所以，我學到一句話——**人要有「衝動」與「衝勁」，去做讓自己**

更進步的事。

當別人笑我們「傻」時，沒關係，因為，我們正在抱持一份熱情與傻勁，去做一件「讓自己快樂、進步、突破的事」。

沒有「傻勁」與「衝勁」，人就會變得很平凡、很普通、很沒有鬥志。

所以，**「只要自己覺得做對了，就要勇敢跨出去、堅持下去啊！」**

笑顏中的寬容與包容

多采多姿，就是美；
星雲大師海納百川的胸襟。

二十一年前的某一天，我忽然接獲星雲大師的弟子來電，謂星雲大師希望我能為其新作《迷悟之間3》，寫一篇序文。

當時我真是嚇一跳！怎麼可能？……星雲大師是如此崇高的宗教領袖、萬眾景仰的佛教大師，而我，只是一個普通的文字工作者，也與大師沒有任何淵源；相反的，星雲大師的國學底子十分深厚、文筆如行雲流水、著作萬卷，原

本就是我寫作的學習對象，怎麼會要我這個毛頭晚輩來「寫序」？我不知道，是不是搞錯了？

在約定的一天，我戰戰兢兢地前往佛光山松山台北道場，晉見星雲大師。我把車子開進地下停車場，也與前來接待我的三名佛光女弟子，一同搭電梯，要到九樓的辦公室，與大師見面。

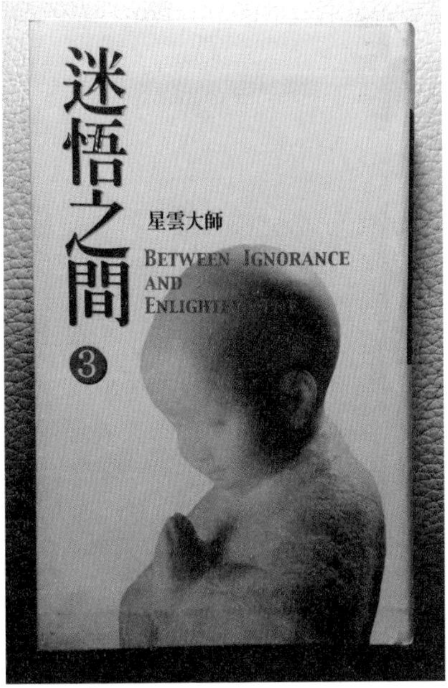

可是，電梯關門、才上升沒多久，整棟大樓突然停電，電梯被卡在半空中、無法動彈。我們被困在黑暗的電梯中，不時以手機呼叫，等待救援……

大約半小時之後，維修人員才匆忙趕到，硬是把懸吊在半空的電梯門打開；此時，我與其他三名女弟子，才一一很狼狽地，從電梯裡被拉爬出來。

可是，這時大樓依然沒電、電梯不動……我心裡很焦急，因為我與星雲大師見面的時間，已經超過半小時了。

我……我在哪裡呢？……

我仔細一看，才在大樓的「二樓半」。

我趕緊用徒步、氣喘如狗地，跑爬上九樓。這時，星雲大師已經坐定在接待室，等候我多時。

星雲大師看到我，如此氣喘，連忙說：「沒關係，你先休息一下，慢慢來……」

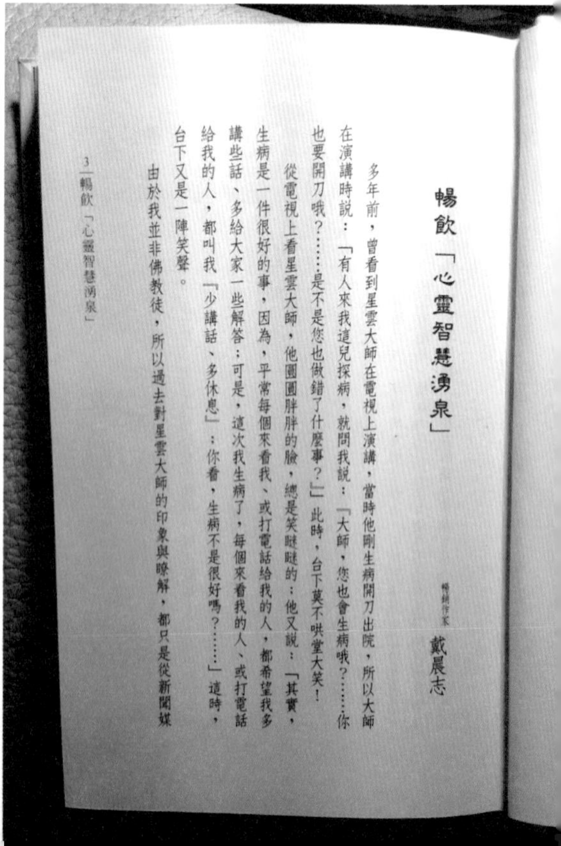
暢飲「心靈智慧湧泉」

暢銷作家 戴晨志

多年前，曾看到星雲大師在電視上演講，當時他剛生病開刀出院，所以大師在演講時說：「有人來我這兒探病，就問我說：『大師，您也會生病哦？……你也要開刀哦？……是不是您也做錯了什麼事？』」此時，台下莫不哄堂大笑！

從電視上看星雲大師，他圓圓胖胖的臉，總是笑瞇瞇的；他又說：「其實，生病是一件很好的事，因為，平常每個來看我、或打電話給我的人，都希望我多講些話、多給大家一些解答；可是，這次我生病了，每個來看我的人、或打電話給我的人，都叫我『少講話、多休息』；你看，生病不是很好嗎？……」這時，台下又是一陣笑聲。

由於我並非佛教徒，所以過去對星雲大師的印象與瞭解，都只是從新聞媒

3｜暢飲「心靈智慧湧泉」

於今，我推算一下——當時，星雲大師七十六歲，我四十三歲。

那時，接待廳只有我們二人。我喘息稍歇，心靜下來，看著面前的星雲大師，心中感到一陣「安祥、平和」。

大師慈祥地對我說，他常看我的書，內容的小故事與啟示，很平易近人，也都很暢銷、對社會大眾很有幫助；所以，他希望能夠邀請我，在他的新書《迷悟之間3》，寫一篇序文。

天哪，一般人的書，若要請他人寫「序文」，豈不都是要請德高望重的前輩、或達官貴人來寫嗎？怎麼會找我這個晚輩呢？

此時，我心情惶恐地對大師說：「我不是佛教徒，我從小在基督教家庭長大……我不知道，這樣，您介不介意？……會不會添增您的麻煩？」

大師聽了，笑笑地說：「我有很多基督教和天主教的朋友，我們都相處得很好。就像，我常和丁松筠神父聊天，他跟我說，如果他生長在中國，他大概就會做『和尚』；而我如果生長在歐美，我大概就會當『神父』，哈！……」

哇，這段話，我當時一聽，真是震撼！怎麼，星雲大師會說，如果他生長在歐美國家的話，他大概就會當「神父」……真是不可思議啊！

此時，星雲大師又緩緩地對我說：「很多事情，都是時空、環境所造成的，所以我們不必去互相排斥……人的本性都是一樣的，我們每個人、或整個社會，都需要『愛』，更需要彼此的『尊重』和『包容』！所以，人或宗教，如果都能夠彼此尊重、互相包容，那麼——『多采多姿……就是美！』」

哇，一聽到「多采多姿就是美！」這幾個字，當場，我真是敬佩萬分。滿臉溫和、慈祥的星雲大師，在輕鬆談話中，完全不排斥其他宗教；他的「歡喜心、包容心、仁慈心」，真是無限寬廣啊。

那天，結束與星雲大師大約一個半小時的單獨會面，離開時，我的腦袋裡，一直縈繞著這句話：**「多．采．多．姿．就．是．美！」**

家庭之間、親子之間、朋友之間、同事之間、政黨之間、國家之間……只要多看到別人的好、多看到對方的優點、多包容他人的缺點與不同，那麼——

「多采多姿，都是無限美好、無限美麗啊！」

這是我唯一一次、與星雲大師的見面，而他的和藹、笑顏、寬容與包容，永遠留在我心中……

感謝星雲大師，您真是一位——「永遠令人尊敬、懷念的睿智長者啊！」

物理學家史蒂芬．霍金說：「人類最偉大的成就，來自溝通；最大的失敗，來自不當的溝通。」

的確，「不當的溝通」「缺乏尊嚴的溝通」，常會使溝通失敗；相反的，「快樂的溝通」「美善的溝通」「建設性的溝通」，就會使雙方

的溝通，有更美好的結局。

「口齒留芳，是人際溝通的第一步。」

在言語上，多說「鼓勵、讚美、愉悅的話」，能讓雙方的談話滿室飄香、散逸著美妙的心靈香氣。

當我與星雲大師談話時，我絲毫沒有感受的長者、大師、佛教領袖的壓力，反而覺得「如沐春風」「幽默風趣」「歡喜快樂」的感覺。

「生命的動力，來自他人的鼓勵。」

我們可以學習——少用「指導性語言」「上對下」「命令式」的語言，去糾正、教訓別人；我們可以「敞開心胸、柔軟自己、關懷對方、欣賞別人」，也給予對方言語上的肯定、讚美、包容與溫暖，那麼，就可以贏得很多友誼。

星雲大師的再退一步

就算自己已行動不便、視力不佳，
大師心心念念的，還是「給人方便」……

佛光山開山宗長、國際佛光會創辦人星雲法師，在二〇二三年的元宵節當天離世，享耆壽九十七歲。

二十多年前，我曾經看到、聽到星雲大師在電視上演講；當時他剛生病、開刀出院，所以他在電視上說：「有人來我這兒探病，就問我說：『大師，您也會生病喔？……您也要開刀喔？……是不是您也做錯了什麼事？……』」此時，台下的聽眾，莫不哄堂大笑！

從電視上看星雲法師，他圓圓胖胖的臉龐，總是笑咪咪的，讓人感受到親切、溫暖。

他在演講會上又說：「其實，生病是一件很好的事，因為，平常每個來看我、或打電話給我的人，都希望我多講一些話、多給大家一些解答；可是，這次我生病了，每個來看我、或打電話給我的人，都叫我『少講話、多休息』，你看，生病不是很好嗎？」

這時，台下聽眾又是一片爆笑聲。

在我印象中，星雲法師是一位非常「幽默、風趣」，常會「自我解嘲」的人。他的演講，幾乎是不用看稿、也不看讀稿機的；他總是用真心、用真情，很自然地，在跟聽眾「談天、談心、談人性、說故事、講真理、說佛法……」

在我演講時，有時我會分享佛光山星雲大師告訴信眾的一些話——

「給人信心、給人希望；
給人歡喜、給人方便。」

除了這「四個給」，我也會自己再加上「另外四個給」——

「給人肯定、給人讚美；
給人溫暖、給人鼓勵。」

有一次，我曾應邀，前往佛光山佛陀紀念館參觀、演講；中午時分，也與慧屏法師一起用餐。慧屏法師經常幫星雲大師推輪椅，所以，用餐時，我詢問

慧屏法師：「星雲大師有沒有什麼不為人知的小故事？」

慧屏法師想了一下，對我說——有一次，星雲大師要搭高鐵北上，他幫星雲大師推輪椅。

在高鐵站，常會有許多信徒想和星雲大師拍照、合影。為了減少拍照的時間，慧屏法師就將星雲大師的輪椅，趕快推到高鐵月台上、靠近上車安全線的地方。

其實，那時星雲大師的年紀大了，視力也不太好、幾乎看不見。此時，星雲大師坐在輪椅上，叫慧屏法師「往後退、往後退」。

慧屏法師不知所以，也只好聽命、把

輪椅往後退。

「再退、再退……」星雲大師大聲地說著，甚至也用自己的腳，用力地往後蹬、再蹬……

「師父啊，已經不能再退了！」慧屏法師情急地著說。

這時，星雲大師才說：「剛才你停輪椅的地方，是別人要走的路……我們要留一條路給別人走，別人才會留一條路給我們走……」

聽到這句話，真是讓我領悟許多。

我們凡事都要「留給別人餘地、也留一條路給別人走」；同時，也給人歡喜、給人方便、給人肯定、給人溫暖……

哪一天，當我們遇見困境、挫折、不順時，別人也才會——「留一條路給我們走啊。」

西洋哲人羅丹說：「我們的眼睛，不是缺少美，而是缺少發現。」

人的自我、愁煩、計較、生氣、憤怒，會使人蒼老得更快。

但，人若有大度、心中有別人、懂得善待別人、體貼別人，也常存喜樂之心，就會使自己更快樂。

多發現別人的優點、多看到別人的好、多想到別人的需要；心中有他人、多給別人留餘地，那麼，**「給別人留一個空間，就是留給自己一個空間啊！」**而且，心存樂觀、不抱怨、常保喜樂心，也用心待人，有一天，就會「遇見天使」喔！

那位給我打氣的軍官評審

在演講比賽後，成績尚未公布前，
他把我叫到一旁，私下跟我說……

在我年輕時，高雄「衛武營」是一個軍營，那時，我就是在「衛武營」剃光頭、度過新兵訓練的時光。

當時，我從國立藝專廣電科畢業，也努力地考上「預備軍官」，就與全台各大學、大專的所有政戰預官，在衛武營接受六週的「新兵訓練」。

當時，部隊都有舉辦演講比賽。長官詢問所有新兵：「誰願意參加演講比賽？」

我，就主動地舉手——「我願意！」

於是，我在初賽、複賽，都很努力準備、用心練習，也都如願地拿到第一名的佳績。後來，又參加決賽。我還是一樣，不斷用心、勤奮地練習！

在最後決賽比賽已結束、但成績尚未公布時，有一位軍官把我叫到一旁，私下跟我說：

「戴晨志，你不認識我，我是今天比賽的其中一位評審……我在部隊擔任演講比賽評審，已經很多年。但，我從來沒有看過一個學歷不高、身高也不高的人，能夠像你這樣——站在演講台上，很自然、鎮定、面帶微笑、從容流利的演講……

今天的比賽，你表現得很好、很不錯，我給你第一名；你要好好努力、繼續加油，以後你一定會表現得很棒、很傑出……」

這名軍官、評審是誰、叫什麼名字，至今我仍不知道。

但是，我永遠記得——在我年輕、於衛武營當兵、參加演講比賽時，他曾私下「給我讚美、鼓勵、打氣、肯定……」

最後，我拿到了政戰預官演講比賽的第一名。

這，已是四十年前的往事，但是我依然記得這位「不知名、不認識的評審」；他私下主動地給我的「鼓勵、讚美與期許」，也讓我的心中，充滿無限的「感動與感謝」。

真的，多多「給人信心、給人希望、給人肯定、給人鼓勵」，一定會讓人「感受到溫暖與激勵」，也種下「成功的信念與種子」，進而勇敢的往自我目標——「衝刺、前進」！

「相逢，自是有緣。」

「每一次的相遇，都是美好的緣分。」

我們都在學習——「把握每一次相逢的機會，給人一句好話、給人一個微笑、給人一份善意、給人一個肯定、給人一些鼓勵……」

我們「給」的愈多，緣份也自然會愈多，將來的「得」，也會愈多；時時用真誠善待別人，都會是好因緣的開始。

所以，**只要「笑臉迎人、真心相待、給人信心、給人讚美」，我們的表情、真心和說話，都能給別人產生莫大的「力量與希望」。**

其實，我們一生，都是來「結緣」的，不是來「結怨」的。

上天安排我們許多「緣份」，也讓我們在這一生中，遇見許多人，我們都要學習「惜緣」。

因為，一個人，「給予」的愈多、「善緣」就愈多、「得到」也會愈多！

恩師無價的紅包

總是笑咪咪的武士嵩總經理，
對我一生難忘的恩情。

今天，是我悲傷、難過的日子。

因為，今天是我過去在華視擔任記者時的長輩——「武士嵩董事長」的告別式日子。

年輕時，我在華視新聞部擔任記者，也擔任過編譯。當時，是只有三家電視台的時代，我是個剛考上的小記者，與武士嵩總經理的接觸機會不多。

然而，我印象最深刻的是——武總經理個子很高大，但他的臉上，總是充滿著微笑、親切與鼓勵。武總經理對員工與部屬講話時，從來不曾嚴厲過；他來新聞部巡視時，表情總是笑咪咪的、不曾疾言厲色。

有同事說，即使武士嵩總經理不太同意你的看法，但，他頂多是說：「喔……是這樣子嗎？」

我還記得，某一年的過年除夕，我在新聞部值班，武總經理特別在此除夕夜、家中圍爐團圓的時刻，來到新聞部，為每個值勤的同仁「親自發送紅包、溫馨打氣」。

也有幾次，我跑了「獨家新聞」，武總經理非常開心，特別親自頒發「獨家獎金」給我，為我鼓勵、多所勉勵。

其實，我在華視新聞部任職，前後只有兩年。後來，我就離職，前往美國奧瑞岡大學唸博士班。

在我到武總經理辦公室辭行時，武總經理殷切地期勉我——「晨志啊，你要趁著年輕，好好再進修、再努力，回台灣後，多多貢獻國家社會……」

當我起立、要離開時，武總經理拿出了「一包厚厚的紅包」給我，告訴我：「這是給你的獎助學金，祝福你，早日拿到博士學位……」

當時，我的雙手接下紅包、眼眶濕潤，心中感動不已！這筆厚厚的獎助學金，讓我到美國念博士班時，可以免去「擔心學費、生活費的問題」好一陣子。

在美國念書的三年期間，我每年暑假，都會回台探視父母親，也都會前往華視，探望武士嵩總經理，也跟他報告我在美國念書的狀況。武總經理也依然笑咪咪、和藹可親地聽我分享，包括——「我獲選為台灣留學生代表，免費前往美國首府華盛頓、參觀白宮、各大電視台、傳播機構……」

而每次探視後、離去時，武總經理也都會再拿一包紅包給我，對我說：「謝謝你回來看我，這是給你的機票費用……」

三年後，我獲得了奧瑞岡大學博士學位，也即獲聘擔任「世新大學、口語傳播系的創系主任」。後來，武董事長（當時武士嵩先生已經升任為董事長），他在華視貴賓室，安排了一桌筵席，宴請世新大學成嘉玲校長、一直幫助我的鄭貞銘教授、以及歐陽醇教授……等新聞界學者、前輩，大家一起餐敘。

席間，武士嵩董事長很開心的，對世新大學成嘉玲校長，笑嘻嘻地說：「晨志是我們華視培養出來、很傑出的記者；現在，他在美國拿到博士學位，

也承蒙成校長的聘任、要到世新大學擔任口語傳播系的系主任，我要請成嘉玲校長，往後多多照顧晨志喔……」

當下，我真的好感動，我這輩子，竟能遇到這麼好的長官——「武士嵩董事長」。

他是我的「前老闆」，卻在我離職後的三年，還在華視的貴賓餐廳，辦了一桌筵席，還在餐桌上，親口對我的「新老闆」請託——以後，請多多照顧我。

人生，何其有幸，能同時遇到如此的兩位「貴人」，真是令我無比感動啊！

後來，武董事長退休後，移居到加拿大多年……而在他老年時，我聽說，武董事長又回到台北定居、養老。

不久後，我獲知武董事長的電話，也立即聯絡他、到他的家中探望他；武董事長年紀大了，人也消瘦了。可是，他見到我時，很高興地在他的房間裡，開心地和我大聲聊天，也細數當年我們一起在華視的日子……

午餐時間到了，武董事長一直挽留我、一起簡單吃個便飯。武董事長夫人親自做了一些家常菜，我們三人很開心地邊吃邊聊……

飯後，武董事長需要休息了，我也該告辭了。

武董事長和我，坐在他家的沙發上，一起拍個照；年邁的武董事長的手，主動拉握著我的手，兩人緊靠在一起，拍照……

這時，我的心，怦怦跳……很緊張、也很感動。這是我第一次，如此靠近地坐在武董事長旁邊。他仁慈、溫暖地拉握著我的手，一起合影。

他的親切、溫馨、微笑，以及用真誠的行動，提攜後輩，真是讓做晚輩的我，永遠懷念、永銘在心……

我在華視記者任內，時間不長，前後只有兩年；而我與武士嵩董事長在電視台重疊的時間，大概也只有一年。

然而，我是如此慶幸與好運，在短短一年的任職相識中，竟能遇見這麼好的長官、長輩，如此的愛護我、提攜我、鼓勵我，真是讓我感到無比欣喜、雀躍。

有人說：「嘴角上揚的人，一生福氣多。」

我每一次看到武董事長，他總是笑咪咪、微笑開心地跟我講話，也讓現場的氣氛，充滿著「愉悅和歡喜」。

「要成為別人生命中的貴人」，是我從武士嵩董事長身上，學到的一件最美好的事。

同時，我們也要好好表現自己，讓自己的認真與才華「被看見」「被賞識」，才會遇見欣賞我們、提攜我們的「貴人」。

因為，一個人要**「停止抱怨、努力實踐，貴人就會出現，夢想才能實現啊！」**

難忘的計程車司機

外觀、內裝都很「普通」的計程車，
提供的服務卻很「不普通」……

有一天早上，我在辦公室樓下，攔搭計程車。司機停下車，馬上打開車門、小跑步過來，客氣地說，要幫我搬「手拉小行李箱」。

我說，不用麻煩了，我自己拿上車就可以了。

司機問我，要到哪？我說，「到台北車站、高鐵站。」

原本，司機是把車窗搖下來、通風的；不過，司機客氣地問我：「請問，你是想吹自然風，還是冷氣？」外面有點熱，我說，「吹冷氣吧。」司機立刻關上車窗，打開冷氣。

司機又對我說：「等一下到台北車站時，請你先坐著，我會先下去幫你開車門，你再下車，我也再幫你拿行李……」

「喔……不用麻煩你啦……」我說。

其實，我要南下演講，手拉小行李箱中，有電腦、投影機、小音箱、各種連接線……是有點重，又有公事包，手上又拿著西裝外套……司機這麼說，讓我覺得真是貼心。

此時，司機又對我說：「我開車，煞車距離都拉得比較長、不會突然緊急煞車，希望你坐得舒服一些……」

「喔，好，謝謝你。」我說。

「我覺得，我不是運輸業，我是服務業，所以我希望我的客人坐我的車，都能感到很舒服……」這司機一邊開車，一邊主動地跟我講話；他又說：「你是好人，今天碰到好司機，真好……喔，對了，你的高鐵是幾點的？」

「11：11分。」

「哦，這樣時間還來得及，不用太趕。」

其實，這輛計程車的外觀、內裝，都不是很新，看起來就是「普通」而已。

說真的，平常我搭計程車時，都是安靜、不太說話的；可是，這司機的熱情、說話的態度，都非常陽光，也引發了我——「想多聽他講話的心。」

「你每天開車開多久？」我問。

「大概十個小時吧，不過中午會回家休息一下……」司機戴著口罩，繼續說：「其實，我大部分的客人，常常預約我的特殊包車……」

「哦？……什麼是『特殊包車』？」

「就是……有些年長者、老人家，要到醫院看病，可是，家人都在上班，沒有人可以陪老人家到醫院看病，那我就會去老人家的家裡，去載他，送他到醫院……」

「然後呢？……你再載他回來？」我問。

「不是，我要把車子停好，再陪老人家上樓去診間等待、等著看醫生的門診，也陪老人家進去聽醫生怎麼說？……檢查報告結果怎麼樣啦？吃藥要注意哪些啦？……

我要一邊聽、一邊做筆記，把自己當做是老人家的家屬，耐心地聽醫生說明病情、下一步要怎麼治療？……因為他的家人不能來，我就當作是病人的陪伴家屬……」

哇，我一聽，眼睛瞬間為之一亮！天哪，有這樣的計程車司機啊？我竟然沒有聽說過。我真是大大好奇。

我坐在後座，一邊拿起筆和紙，一邊聽、一邊潦草地記寫下這奇特司機所說的話。

這司機，大約近五十歲，他說話慢慢的，車子也開得慢慢的……他不知道我是做什麼的，但我對他說的話，卻感到十分興趣、新鮮、好奇……

他又說：「老人家上了年紀，最怕的是——

第一，不小心摔倒；第二，不小心吃東西噎到；第三，隨便亂吃藥……兩個星期的藥，因記性不好、或失智，三、四天，就全部都吃完了……所以，常常要急著送到醫院。

我有很多『回頭客、老顧客』，都是家人沒空陪老人家去看病，就叫我開車陪伴老人家到醫院去看病……」

天哪，竟然有如此認真、溫暖、用心的司機。我一直記錄，也深怕一下子、車子太快就到台北車站了。

「我的『陪伴就醫』，業績應該會是第一名……我陪老人家就醫、照顧他，也詳細記錄醫生交代病情，又帶病人去批價、領藥，或是拿慢性處方箋……再小心載老人家回到家裡，也再跟他的家人『銜接』——轉告家人，醫生怎麼說？要注意什麼事項？……我用心記錄、用心陪伴、用心載送……所以，病人家屬都很感謝我、信任我，而我也感到非常有成就感……」

「可是，那你的交通費要怎麼算？」我很好奇。

「一般來說，一小時是四百元，但至少都是以二小時為計算基準……因為，有時候到大醫院看診，醫生很忙、病人又多，要等很久……不過，交通距離若是在二十公里之內，就不再另算車資了……」

「哇，你真的很棒、很有耐心、愛心吔！」我對司機說。

「謝謝你……我剛剛就說嘛，『我自認，我不是運輸業，我是服務業』……我以前是做業務的，我覺得，我的人生就要有價值感、成就感啊……」司機開心地對我說。

台北車站、高鐵站到了。車子一停好，這司機立刻小跑步、跑過來幫我開車門……等我一下車，他很認真地把我重量滿重的小行李箱，拿了出來。

我右手拉著小行李箱、上面掛著公事包，左手再拿著西裝，慢慢地離開計程車……

「祝你……好運喔！」司機大聲對我說。我也對他說聲：「謝謝！」

當我拉著行李箱、走在人行道上、要過馬路時，我戴著口罩，真心的回頭、轉看後面的那位司機……

我特地向他點個頭、致個意。

而他，也戴著口罩，眼睛看著我，對我點個頭……兩人的眼神，隔著街、遠遠的，在空中交會。

這，也是我一生坐計程車、下車後——第一次走了一段路後，再回頭，再真心地向計程車司機「點頭、致意、致敬」。

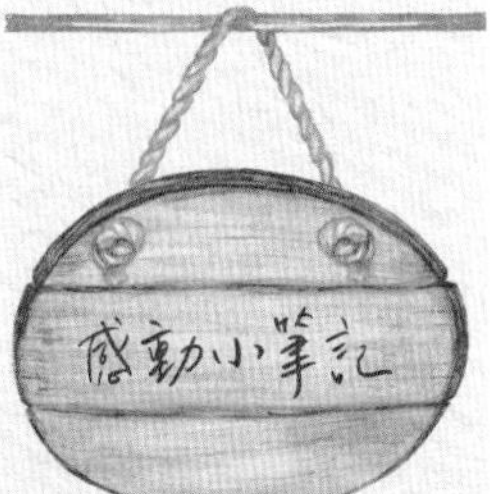

《聖經》上說：「你們要常存兄弟相愛的心，不可忘記用愛心來接待客旅；因為，曾有接待客旅的，不知不覺就接待了天使。」（希伯來書十三章，1~2節）

在服務業中，如果能把每一個顧客，都視為自己的親人、友人，而且發自內心地善待他、關懷他、幫助他，那麼，就一定會「贏得友誼、贏得口碑、贏得讚賞」。

「Sale is service, service is Love.」

銷售就是服務，服務就是用愛心，來善待顧客；也用熱忱與關懷，成為吸引顧客的「正能量」。

所以，「金盃、銀盃，不如別人的口碑；金獎、銀獎，不如別人的誇獎。」

一個人的談吐、態度、說話、行為，就是一個「自我品牌」、一個「形象廣告」。

如果顧客「喜歡你、肯定你、感謝你」，也對你的態度由衷地肯定，那麼，除了生意達成之外，你最大的收穫就是——「在你的生命中，又多了一個喜歡你、信任你的人。」

真的，只要用微笑、真誠、愛心、關懷來對待別人，有一天，就會「遇見貴人」啊！

超越期待的小禮物

著眼在細微之處的貼心，
讓人心中感受到無比溫暖。

其實，就是「一條小毛巾」，可是，我卻珍藏了它二十年。

應該是二十年前吧，有一次，我受邀到某一個單位演講；當我上台時，我驚訝地發現，講桌上，除了有礦泉水之外，也有一條小濕毛巾，摺疊得很整齊、放在小塑膠盤子上。

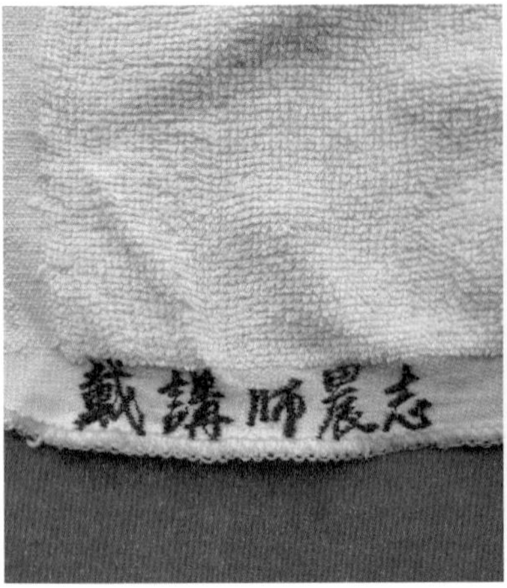

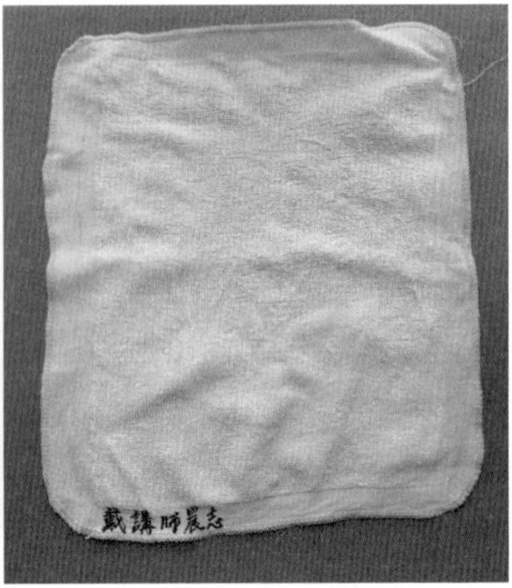

更令我訝異的是，我看到白色小毛巾上，還特別繡著——「戴講師晨志」的字樣。

說實在的，直到現在，我在海內外各地演講三千多場次，我還沒有看過第二次，有演講承辦人，如此用心、認真，為在台上演講的講師，準備一條——「繡著講師名字的小微濕毛巾」，供講師在演講過程中，擦手使用。

二十多年來，我一直保留著「這條小毛巾」。

說真的，這小毛巾是哪一個單位、哪位承辦人為我準備的，我真的忘記了；但我一直為這件事，牢牢記在心裡。

「用力，自己知道；用心，別人知道；
細節，成就完美；認真，榮耀一生。」

當我們用心、細心地為別人準備、服務、付出，也把「細節」做到最好時，別人也一定會感受得到！

感謝這位「用心、細心的承辦人」；因為，此生、直到現在，我只遇見過一次、唯一一次——如此用心、細心準備、善解人意、體貼入微的承辦人。

也有一次，我受邀到另一個單位演講。

當我站到演講台時，發現他們在講桌上，除了準備礦泉水之外，也準備了一壺熱茶，而且旁邊也放置了一個「陶瓷做的茶杯」。

更讓我驚訝、驚喜的是，這個陶瓷茶杯，是為我特別製作的。為什麼？因為，陶瓷茶杯的一面，特別以手寫的藝術字體，塑寫上「戴晨志」三個字。

哇，我真的好驚喜！

這樣的「下半部墨綠色的陶瓷茶杯」，在市面上，一定買不到。因為，是主辦人特別找陶瓷師傅發想，也寫上最漂亮的「我的名字」，經過無數時間的準備、設計、製作，也在火窯裡燒烤，最後才能做出如此漂亮的茶杯，真是讓人感到開心、歡喜啊！

一個人為什麼會驚喜、開心、感動？

因為，對方「用心細心、善心美意、善解人意」；他們的作為，默默無語，卻讓人有「出乎意料」「超乎期待」的感覺啊。

只要在細微之處，做出「創意、創新」，也「超越別人的心理期待」，就能讓人感到「溫暖與感動」啊。

這一條「繡著我的名字」的小毛巾，以及「塑寫著我的名字」的茶杯，多年來，一直放在我的辦公室，也常常讓我懷念。

「真誠、溫暖、美善、創意」的服務態度，就會帶給別人無限的感動。

「以客為尊」，也讓別人有「超越期待」的感受和禮遇，就會贏得讚賞、肯定。

因為，我們每一個人，都有「自我尊嚴感」與「被看重的感覺」。

當我們受到的待遇，超過原本的「心理期待」時，我們的「自我尊嚴感」就會獲得滿足、也會覺得「被看重」，心中就會感到無限的溫暖。

我們的真心、細心、用心，若能成為別人快樂的「小確幸」，也誠心讓別人、讓顧客感到「驚喜、滿意」，就能產生「感動」啊！

第二章

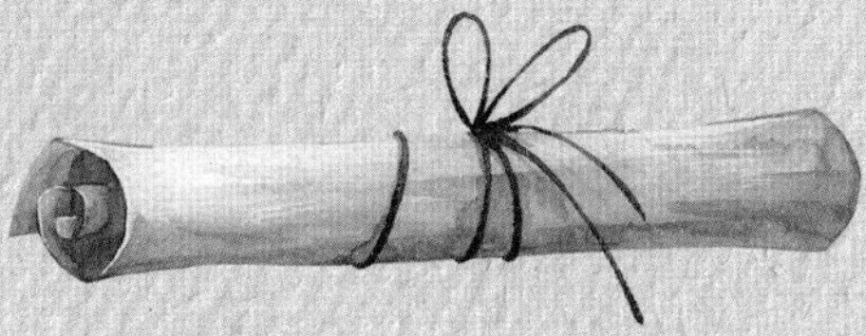

感心

感動瞬間，就在身邊

乘願再來，我的母親

不停學習的心、歡喜助人的心、
熱心關懷他人的心……就是我的母親。

我拉著小行李箱，趕到機場，要搭飛機回台北。等候登機的人很多，我跟著一群人，在登機口排隊……

在人群中，我赫然看見——我的母親，也在排隊的隊伍中。

我驚訝地對母親說：「媽，妳怎麼也來搭飛機了？……妳也要回台北？」

年邁的母親也拉著小行李，對我笑一笑、點點頭，沒說什麼話。

突然間，我發現花蓮姑媽，也在人群的另一旁，也要一起搭飛機。哇，好開心喔，大家竟然不約而同的，都搭乘同一班機，要回台北……

就在這時，我的眼睛迷糊地張開了，眼睛看到的是天花板；

啊……這……這竟然是一場夢、是一個夢境……

媽媽二〇二二年四月，已經離開人世；而我，曾多次夢見媽媽……可是，夢見「與母親一起搭乘飛機」，卻是第一次。

後來，我與朋友在電話聊天時，提到了這個「歷歷在目」的夢境，我朋友突然認真地跟我說：

「哇，這個夢，真是太棒了！」

「為什麼呢？」我不解的問。

「因為這個夢，就是說，你媽媽是個大好人，老天會讓你媽媽『乘願再來』，搭乘飛機、再來這人間一次……」朋友歡喜地說道。

這時，「乘願再來」四個字，就一直在我腦海中盤旋、縈繞……

我一生中，從未用過「乘願再來」四個字；而第一次用到這四個字，竟然是用在我已過世、親愛的母親……

母親龔麗卿老師，是一位「不願浪費時間、勤於學習的人」。

她從蘆洲國小老師退休之後，曾到台大醫院、馬偕醫院、三軍總醫院，擔任志工；也快樂地在醫院參加醫護團契，探訪病房中的病患，快樂唱詩歌、分享福音信息……

有一陣子，我辦公室需要一名工讀生，一些大學生前來應徵。八十多歲、生病的媽媽，知道我在找工讀生時，忽然很認真地問我：「晨志，我去當你的工讀生不可以嗎？」

我一聽，當場有點愣住。

我說：「媽，我的工讀生不是來掃地、擦桌子、端盤子……我的工讀生是要會處理電腦、上影片字幕、剪輯的……」

「我是不會這些啦，可是，我可以學啊！」母親認真地說。

「怎麼學呢？……前幾天，妳還問我『網路』是什麼東西？……」我有點懊惱，也真的不知道要怎麼回答。

年邁媽媽的時代，已經過去，她連「智慧型手機」也不會用，也不懂「網路」是什麼，更不用說要幫我剪輯影片、用電腦處理事務……

不過，媽媽一顆「不停學習的心、歡喜助人的心、熱心關懷他人的心」，絕對是熾熱的。

媽媽總覺得——「她不要浪費時間、生命！」要多多盡心盡力學習，直到見主面的那一天……

以前，母親也曾對我說：「晨志，我很想去聽你演講，你去演講時，可不可以也帶我一起去？」

說實在，若我帶著老媽出去演講，我站在台上的心情、氣氛，可能會覺得「怪怪的、很不自在」。可是，媽媽的心中，「一直以我為榮、為傲」，若始終不帶她去聽我演講，似乎有點違逆、說不過去。

所以，有幾次，我在「教會、婦女會、或三軍總醫院……」適合她聽講的場合，就帶她一起去，也安排她坐在聽眾席之中。

穿著整齊的媽媽，坐在台下，她的眼神總是專注地看著我、也面帶微笑，讓我站在台上演講，不會感到什麼壓力。而我也會在適當的時機，開心地告訴台下聽眾——「我今天，特別帶我媽媽、一起來聽我的演講……」

當我請媽媽起立、和大家揮手、打個招呼時，全場聽眾都一起為「滿臉笑容的老媽媽」，大聲喝采、拍手、鼓勵……久久不息。

往事歷歷，如雲如煙。

今天，在夢中，夢見和離世的母親，意外、不約而同地一起搭乘飛機。

「乘願再來、乘願再來！」

謹以此文，來紀念——

「說話溫柔、永遠微笑、輕聲細語、待人寬厚寬柔的可愛老人——我的母親。」

我的母親，有一個特點，就是凡事很喜歡學習，也喜歡與別人分享，喜歡時常鼓勵、幫助別人。

母親後來曾住進三芝雙連安養中心，因為，在那邊，有許多年長者，可以一起談心、說笑、一起吃飯、一起上教堂做禮拜、一起唱詩歌、一起禱告、一起運動、一起上課……

而且，在安養中心有圖書室，她慢慢學習，如何從桌上型電腦中，看宗教影片，也閱讀許多宗教書籍。

我母親的腦海中，熟悉許多詩歌，她很喜歡唱詩歌，也「凡事包容、凡事感恩、凡事感謝」。

一個人，只要心地善良、心情豁達、心存感恩，那麼，「世界之地，處處是美地；日夜運行，日日是好日啊！」

粉紅色系的舊襯衫

兒子有「盡量節儉、不亂花錢、省吃儉用」的優點，
他注重腦袋，勝過外在……

前幾天，兒子在我辦公室問我：「有沒有粉紅色系的襯衫？」
我直覺地說：「大概沒有！」
我心裡想，我應該沒有「粉紅色系的襯衫」。不過，我說，回家再找找看有沒有？結果，回家在衣櫃中，竟然找到我過去竟曾有幾件粉紅色系的襯衫。
哈，我以前居然也「裝年輕」，訂做過幾件淺紅、淺粉色的襯衫。

兒子看了，也試穿了一下，很開心，他也滿喜歡這樣的色調。他要我幫他拿去修改小尺寸，他說，他可以穿。

後來，我又從衣櫃中，找出一些我很久沒穿、質料不錯的襯衫；兒子挑一挑，覺得都不錯，結果一共挑了七、八件襯衫，要請人幫忙修改。

後來，我說：「西裝你也可以試穿看看……」於是，兒子試穿了好幾件我過去的西裝。

我指著其中一件，跟他說：「這一件西裝質料很好，是爸爸結婚時穿的……」

「哦？……真的嗎？」兒子對我笑一笑、用手摸摸西裝的質料、也點點頭。

其實，我上了年紀，身材已經走樣了、變胖了、腰圍變粗、脖子也粗；所以，一些打領帶的襯衫，大都是訂做的……兒子則是比我高，也瘦很多。兩人身材，真是「胖瘦兩樣情」。

而兒子的個性，一向是很節省的，絕對不亂花錢，也不願花錢去訂做襯衫。他在美國紐約州念羅徹斯特大學，獲得「全額獎學金」。大學四年中，他修了很多課，最後一共獲得「二個主修、四個副修的學位」。

他畢業後、回台，又獲得澳洲墨爾本大學、直攻博士班的全額獎學金；如今，他已經到澳洲墨爾本，繼續去研究他最喜歡的「腦神經科學」「生物醫學工程」了。

念博士班、有時要當助教，衣服穿著需要正式一些，不能像大學生一樣、太隨便；所以，先前提到，他挑選了七、八件，我穿過的、他喜歡的顏色襯衫，要拿去修改……

他媽媽幫他拿去問，修改衣服的婦人說：「要改腰圍、肩膀寬度、領子、腋下袖寬、身寬、身長、手腕袖口……幾乎整件都要拆、要改，很麻煩……」

過幾天，襯衫修改好，兒子試穿後，感到很合身、很滿意；脖子打上了領帶，也滿剛好的……於是，內人又拿另外兩件襯衫，再去修改……就這樣，前後一共改了約十件。

我心裡在想：「以前，我從來沒有拿我父親的舊衣服去修改、去拿來穿過……」唉，真是慚愧啊！

內人跟我說：「修改衣服的婦人說——妳兒子真乖哦，還願意把爸爸穿過的舊衣服，拿來改、再拿來穿……現在年輕人，都是花錢買最新、最潮、最流行的衣服，哪裡會去穿『爸爸以前穿過的舊衣服』？……」

後來，兒子也挑了「五件西裝」，請西裝裁縫師傅做了修改，一起帶到澳洲墨爾本大學。

真的，兒子的個性，就是有「盡量節儉、不亂花錢、省吃儉用」的優點，讓我十分感動。

現在，我已上了年紀了，上台演講時的穿著，簡單就好。過去買的材質不錯的「襯衫與西裝」，修改後，兒子願意帶出國穿，就讓我十分開心、欣慰了。

「節儉、惜物、不浪費」，是個好習慣。「注重腦袋」比「看重外在」，重要得多了，不是嗎？

有一次，大企業家王永慶先生因經常晨跑而變瘦了、腰圍變小了，西裝顯得不太合身。太太請一名裁縫師到家裡來給王董事長量尺寸，準備訂做幾套新西裝；不料王永慶突然從櫃子拿出五套舊西裝，堅持請裁

縫師幫他「把腰身改小就好」。

王永慶董事長說：「既然舊西裝都好好的，改一改就能穿了，何必浪費錢再做新的？」

「節儉，是個好習慣。」

我最近身高縮水、個子變矮了，所以西裝、西裝褲也都拿去修改，不必去訂做新的。

人家家產億萬貫的王永慶董事長，都那麼勤儉、節省了，我算什麼呢？……我哪有資格一直浪費金錢呢？

我們的「欲望與貪婪」，若是不節制，就會陷入「貧窮」的困境。

「勤奮與節儉」，可以讓我們擺脫「貧困」的境地，也脫離「窮苦」的人生。

黑手的演講比賽

成功，不在於能握有一手好牌，
而是要把一手壞牌，打得可圈可點。

有一天，接到一名男讀者的私信，他告訴我，他從小成績不好、吊車尾、沒自信，大學聯考也沒考上；後來，他去當一年十個月的義務兵役。

進入軍隊後，懵懵懂懂的他被分派去「輪車」的兵科，後來才知道，這就是所謂軍隊中的「黑手」，專門「維修、保養戰備的車輛」。

有次，有個部隊專案，要派輪車人員去某師級營區支援；當時營區約二、

三百人，他們輪車的士兵去支援的約二十名。

有一次，週四在中山室裡面觀看莒光園地，師長特別說：「今天，我們來辦個莒光園地觀後感的演講比賽，各個單位都要派一員參加，優勝者可以得到禮物。」

這名男讀者告訴我說——

當下我們支援輪車專案的士兵們，都是你看我、我看你，且眼神中出現「你去吧……兄弟我挺你！」的眼神。

因為在場的我，「高中學歷」算是稍微高一點點，所以大家就把這差事，交給我了。

而我，也有種「當仁不讓」的心態，就想說——「這件事情、兄弟我扛下來了。」

只不過，這次是我人生中第一次上台、面對二百多人的演講，我心中還是有點恐慌。但隨即就靜下心來，開始慢慢地構思一下「我的演說」。

沒多久，演講比賽正式開始。我硬著頭皮、站上講台，開始慢慢地自我發揮……

師長、旅長、各位夥伴……

看完莒光園地後，讓我想到我在國中時曾經讀過一本書，作者是「戴晨志老師」；他的作品中有一句話影響了我很久很久，那就是——「成功，並不是慶幸自己能握有一手好牌，而是要把一手壞牌，打得可圈可點……」

就像我，我是一個不聰明的人，我拿到的，從來不是好牌，但我能做的就是「盡量發揮我的所長，在某個地方發光發熱……」

後來，這場演講比賽，竟讓我在六個單位的競賽中得到「第一名」，也讓我對自己開始有種——「我自己好像還不錯」的感覺。

離開軍旅後，我開啟國外求學的艱苦路程，之後，也到了新竹科學園區當工程師。

慢慢地在職涯中往上爬，目前四十四歲了，在北部某科技公司擔任中階主管，也帶了約二十人。現在，我也是持續地在發光發熱中。

戴老師，您文章中的佳句，真的影響我良久、且惠我良多。

近期才看到了您的臉書，想說，應該要對您呈上我的謝意。

最後，也想跟您說：「很抱歉，這是一封晚了約莫三十年的感謝信！」

資深讀者 敬上

（本文獲來信者陳先生同意，經摘錄修飾後，與讀者們分享。）

看到這封讀者的來信，讓我十分訝異、感動與欣喜。

我也想到，年輕時候的我，也是一樣，勇敢舉手、勇敢報名、勇敢上台參加比賽。

我的英文、數學、物理、化學、歷史、地理……成績都不好；但我喜歡作文、書法、唱歌、閱讀、演講，所以，只要有演講比賽，我總是要讓自己勇敢報名參賽，讓自己有機會「站上比賽舞台」。

「勇敢實踐，才能被看見、才能開啟成功的大門。」機會，永遠屬於「一心想贏」的人。

我們或許學業成績不好、或許班上成績排名倒數，但，我們可以「把嘲笑當激勵」「把諷刺當啟發」，鍥而不捨地，為自己打開「機會的那扇大門」。

把挫折、悲傷先放一邊，忘卻失敗、努力向前；
我們不要做一個——「缺乏勇氣、只有光說不練的天才啊！」

輪椅上的不平凡

從這一位一生坐在輪椅的先生身上，
我看見——「有心、有願、就有力。」

曾有一位我未曾謀面的讀者，在我的臉書粉絲團私訊，詢問我：「戴老師，您何時會到雲林縣來演講？」

我從這讀者的臉書背景資料中，看到他，是住在雲林縣褒忠鄉、一位行動不便、沒有下半身、坐在輪椅的中年人。當下，我心中甚是感動，也回信給這位曾先生：「我在十二月六日早上八點，會在斗六國中演講，若你有空，你可以過來參加。」

由於這場演講，只針對學生，沒有對外開放，所以，我又告訴曾先生：「萬一，學校警衛不讓你進來，你就說，是戴老師邀請你來聽演講的……」

演講當天早上，不到八點，曾先生就由友人推著輪椅，來到禮堂會場。

我一見到曾清鋑先生，他是真的下半身肢體有缺陷，看起來，好像是短小的雙腳、盤坐在電動輪椅上……

演講時間快到了，我簡單招呼曾先生，也請他坐在側邊的師長席……

「凡事主動，才不會掉入黑洞。」

「機會，就在行動裡。」

「與其抱怨、哭泣，不如積極行動！」

多少年輕人，不願意聽演講、學習、成長、進步。但，行動不便的曾先生，卻願意坐著輪椅，一大早，遠從褒忠鄉，預約復康巴士，用心地來到斗六國中聽演講。

「心不難，事就不難！」

「只要你說能，你就一定能，別說不可能。」

謝謝褒忠鄉的曾先生，你的積極行動，帶給我無限的感動。

曾先生聽完我的演講後，很受激勵，他心想——真希望褒忠鄉的鄉親，也能有機會聽到我的演講。於是，他主動向「褒忠鄉長大力推薦」，邀請我到偏遠的褒忠鄉演講。就這樣，曾先生促成了我，到雲林縣「人口最少的褒忠鄉」

演講；而且，當晚參與演講會的人數，破記錄的，有將近四百人。

曾先生的個性很樂觀、開朗，許多鄉親都喜歡來他的彩券行，購買彩券。而且，他的店裡，也幫客人刻印章、修手錶、做些鐘錶生意……

我因多次到雲林縣演講之便，三次拜訪曾先生；他十分熱情地招待我，我們一起坐在矮小桌前，簡單吃著便當、聊天。

他說，他小時候得到小兒麻痺，無法走路；曾經到台北蔣宋

▲ 曾清鈫先生曾在蔣宋美齡女士創辦的振興醫院，住院治療。

美齡女士所創辦的「振興醫院」、專治小兒麻痺的醫院，住院治療一年多……

一天，我到振興醫院看診，也看到醫院的牆壁上掛著——蔣宋美齡女士，對著一群小兒麻痺的院童，開心、歡欣打招呼的畫面。

此時，我想起了雲林縣褒忠鄉的曾清銨先生。

我也曾偷偷拍下他，在小彩券行裡，他坐在輪椅上，親切地與客人談話的背影……

曾先生沒有被小兒麻痺擊倒，現在的他，熱心公益、積極學習、參加社團、捐贈獎學金給貧窮學童、投身教會事工……

雖然小兒麻痺的他，「一輩子坐在輪椅上」；但他十分「認命、沒怨言、努力工作」。他告訴我，他甚至在過年期間，因彩券行的生意太好，長期一直坐在輪椅、坐到屁股長褥瘡……可是，他依然臉上充滿著「陽光態度與熱情」！

「有心、有願、就有力。」

「學歷」代表過去，「行動力」代表未來。

每一次的「陽光、積極行動」，都會開創自己美好的未來。

一個人，就是要「壯大自己，才不會被瞧不起」！

我們都要在逆境、困境中，找到自我信心，也找到通往成功的出口。

因緣際會，我曾多次到雲林縣褒忠鄉，到曾先生的彩券行坐坐、聊聊；曾先生的聲音十分爽朗、響亮，雖然他一直坐在電動輪椅上，但他經常主動參加鄉內的活動、熱心公益，個性開朗、積極，人脈很廣。

人生，就像搭飛機，難免會遇到亂流。

人生，也像「剝洋蔥」；因為，在剝到一定時候，就會「掉眼淚」。

人生，豈能盡如人意？我們沒有永遠的歡笑，也一定會有掉眼淚的時候。但，**「在困難中，我們不能喪失信心；在挫折中，要激發出勇氣。」**

我們也要跳脫「舊思維」「窮思想」，樂觀思考、微笑行動，才能破蛹而出，成為一隻飛舞的彩蝶。

雲海中的作文滿級分

樹的方向，由風決定；
人的方向，自己決定。

我開著車子，從雲林縣斗南到古坑，再走上坡的山路，到了華山。

華山，最有名的是「咖啡」；沿路風景，都是咖啡店，以及可以瞭望山下的美麗景點。

車子繼續往山上開，我來到了「樟湖」。樟湖，位於古坑海拔800公尺的山頂地方。

我，不是來旅遊的，而是來「樟湖生態國中小學」，為國中生們演講、分享的。

依照與承辦老師的約定，我準時來到了校門口；一位老師與警衛先生，已經在校門口接待我了。那男老師指示我，車子依斜坡道路繼續往上開，車子可以停在上面的停車場上。

車子經過警衛亭時，我看到警衛先生，恭敬地跟我九十度鞠躬，並且說：「戴博士好！」天哪，這警衛先生怎麼這麼客氣、有禮貌。

我的車子，慢慢地往上開、開上斜坡，而我看見那男老師，一路沿著斜坡，不斷地往上跑、跑、跑……

我往上坡開了一大段，把車子停在上面平坦的空地上；當我打開車門、下車時，剛才那位跑得氣喘喘的男老師，微笑地走過來，很禮貌地對我說：「戴博士，您好，我是陳校長……」

啊？天哪，您是校長？……我還以為是和我約定時間的承辦老師呢！

而身為一位「校長」，竟然親自站在校門口，一直等待我的到來；而且，還沿著斜坡道，小跑步地為我引路……

陳清圳校長帶著我，走到演講教室。

陳校長對我說，偏鄉的學校，孩子都比較弱勢（經濟弱勢、功課弱勢），也比較沒有自信、不太敢舉手、不太敢上台……

樟湖國中的學生，全部只有約八十人左右。我告訴孩子們——

「自信，舞台就是你的」；

「命運，是不會遺傳的」。

我們都要努力學習，讓自己改變命運、逆轉命運。

「舞台再大，自己不上台，永遠只是個觀眾；能力再強，自己不行動，只能看別人成功。」

我們都要「把感動，化為行動」。

勇氣，就從現在開始；

機會，就在積極行動裡。

這些孩子，非常努力寫筆記，把聽到的，寫下來、記下來，最後，也出乎我意料之外地，十多位孩子，都勇敢的舉手、站出來與同學們分享學習心得。

只要有勇氣，就不怕沒戰場；

只要有勇氣，就會有榮耀。

人生的成功不是靠「奇蹟」，而是靠「累積」。

一趟路，來回開車到樟湖山上的偏鄉學校，很累、也辛苦；但，看到這些

學生用心學習，我的心中充滿無限的歡喜與快樂。

過了大約三週，樟湖國中陳清圳校長在電話中對我說，要跟我說「謝謝」！我說：「為什麼呢？」

陳校長說：「戴老師，這次我們學校學生，參加雲林縣會考的模擬考，有很多學生的作文成績，竟然得到『滿級分』，或成績進步到五級分……」

「哇，這麼棒啊！真是太好了……」我再問陳校長：「這些模擬考，是你們校內自己考、老師自己批改的嗎？」

陳校長說：「不是啊，是各校聯合一起考的，作文也是別的老師批改的……」

陳校長很開心地對我說，模擬考作文成績一出來，國文老師很驚訝，覺得——怎麼孩子們的成績，突然進步那麼多？有很多學生得到「滿級分」，真是

太不可思議了！

陳校長說，一問之下：「原來是，孩子們在聽戴老師演講時，都把您跟他們說的話，以及激勵的名言佳句，都寫進作文裡……現在孩子他們手上都有老師您的書，有空就不斷地閱讀……所以，真的很感謝您啊！」

我很高興，聽到陳校長對我說這些孩子「作文成績大大進步的好消息」。

這些住在古坑偏遠山區的孩子，一向對自己比較沒自信，作文成績，也不太好。可是，在演講中，我鼓勵這些弱勢的孩子——必須背下一些激勵的好話、放在心中，也寫在作文中，加以運用。

陳校長在電話中，又告訴我：「戴

老師，其實，不只是這些名言佳句對孩子的作文很有用，更重要的是——您的演講，給孩子在心裡建立起『自信心』，也讓他們的內心，充滿了更多的『自信』與『勇氣』……」

陳校長特別提到，上次我在演講時，對學生說道：「舞台再大，你不上台，永遠只是個聽眾；能力再強，你不行動，永遠只能看別人成功。」

是的，一個人——

「問題不在難度，而在態度。」

「一切成就，都是從心開始的。」

「樹的方向，由風決定；人的方向，自己決定。」

偏鄉的孩子，只要願意學習、願意記錄、懂得運用，請你千萬不要氣餒；「作文」絕對不難、不要放棄，你一定可以拿高分，甚至「滿級分」。

謝謝古坑偏遠山區的陳清圳校長，告訴我這令人開心、歡喜、振奮的美好訊息，也讓我的心情，一整天都很歡喜！

（感謝陳清圳校長，提供在校園內拍攝的雲海美景照片。）

「傑出，是一種叫做『用心』與『堅持』的東西。

「要充滿自信，永遠看好自己！」

當樟湖國中小陳校長，在電話中告訴我，有多名學生在會考模擬考

中、作文成績得到「滿級分」時，我真是高興。

「生命不要求我們成為最好的，只要求我們盡最大的努力。」

「不要小看自己，因為，你有無限的可能。」

不要怕碰壁，只怕我們不敢走出去。

「要自己發光，不要等別人把你磨光。」

「逆境與挫折，是老天賜給的禮物。」

人活著，就是要「把嘲笑當激勵」，也要讓自己「高高的飛起來」啊。

只要勇敢面對、改變心境、突破困境、就能邁向順境，讓自己「高高的飛起來」，也讓生命「出類拔萃」！

用心自製的大布幕

放棄，只要一句話；
成功，卻需要用心、極力地堅持！

多年前，我曾受邀到宜蘭市的某一所國中，在大體育館裡，進行千人的大型演講。在演講的前幾天，我就告訴該校輔導組長，因為學生人數眾多，所以要準備約一百八十吋的大布幕，以方便我在演講時，使用電腦和投影機，讓全校師生都能看到我投影的影音畫面。

可是，該組長在電話中苦惱地對我說：「戴老師，我們體育館裡沒有那麼大的布幕啊！」

「可以借得到嗎？……或用租的？」我問。

「我問過很多單位，都借不到……用租的話，要一萬多元，我們學校沒有這筆預算經費啊……」輔導組長說。

那時，我也有點無奈，因為，在面對一千多名學生演講時，我希望有大投影布幕，能秀出我準備好的靜態、動態資料畫面，來和學生分享。

後來，在電話中，我對該輔導組長說：「組長，麻煩你，請你自己想辦法好了……我相信，你一定可以做得到！」

演講當天，我抵達那所國中，一進入體育館時，我大吃一驚！為什麼呢？因為，他們竟然已用克難的方式，自製了一個——「一百八十吋的超大布幕」，吊掛在舞台的正前方。

該校校長很開心地對我說：「戴老師，這是我們組長，自己去布莊，買了許多大白布、買長竹竿，自己裁剪、縫製、用心克難做成的大型布幕……樣子是有點醜，不知道這樣可不可以用？……」

當下，我的心一陣震撼與感動，不禁轉過頭，對該組長說：「哇，你真是太認真、太棒、太讓我感動了……你竟然自己去買竹竿、買白布、自己製作出來大布幕，太了不起了……」

此時，那組長開心、帥帥地說：「沒有啦，這是我該做的……本來我是想放棄的，可是，戴老師您在電話裡，最後一句話告訴我說——『我相信，你一定可以做得到！』

就因為您的這句話，我就想——我一定要想盡辦法、克服困難、使命必達，完成這項不可能的任務……」

「成敗靠用心，輸贏靠細心！」

「與其抱怨、放棄，不如積極找方法、找希望。」

「只要你說能，你就一定能，別說不可能！」

「放棄，只要一句話；成功，卻需要用心、極力的堅持！」

我們，只要勇敢地告訴自己——「我相信，我一定可以做到！」那麼，就沒有什麼事，會難倒我們！

因為，「信心和毅力」一定會帶領著我們，走向傑出的坦途！

「積極的心態像太陽，照到哪，就亮到哪。」

「不放棄、擁抱熱情，是一切成就的起點。」

「堅持去做對的事，人生值得傻一次。」

有些事，原本是可以放棄的，但，有些人選擇「想盡辦法、全力以赴、堅持到底」，也把「不可能」化為「可能」，所以就會有最漂亮、令人感動的結局。

只要積極用心、努力不懈，人生在每一個轉彎處，都會看到不同的美麗風景。

人，就是要讓自己發光、發亮；因為只要有心，就不困難。

我們都要勇敢出發、努力行動，也練習讓自己的生命，在每一個階段，都綻放出美麗、閃耀的光芒。

所以，我們都可以學習——「充滿勇敢、挑戰、冒險與熱情」，也讓自己「要愈活愈帶勁」，讓人生從此不一樣。

行車事故中的領悟

給別人一個空間，
就是給自己一個空間。

有一天早上，我開車出門。途中，把車子停在路邊巷口買早餐。此時，一輛計程車要右轉巷子，但因計程車靠得我太近，所以右轉時，車身不慎擦撞到我的左車頭。

這時，我還坐在車子裡、尚未下車。計程車司機看到他的車身擦撞到我的車頭，趕緊下車，過來跟我道歉，也一臉愧疚地問我：「這樣（安捏）……要怎麼辦？」

當時我知道，完了，我的車子被擦撞了、已經發生了；可是，應該不嚴重，只是小車損……我對著走過來向我道歉、一臉著急、不知所措的中年司機說：「沒關係，你趕快走吧，這是小事，沒關係，你趕快去做生意……」

這名中年司機看我連下車都還沒下車，也沒有要求他賠償，就請他離開……他一臉感激的臉龐、一直點頭道歉、感謝地離開……

記得，我年輕（約二十八歲）時，在華視當記者。有一天要下班回家時，我於昏暗的華視停車場、在倒車要離開時，不小心撞到一輛緩緩經過、且非常高級、名貴的轎車。

天哪，怎麼辦？我的車子是區區五萬元買來的「很老舊的車子」，去撞到人家這麼高級、名貴的進口車，怎麼辦？

這時，車上的駕駛，下車來查看車損情況……我則很緊張、不知所措的站在一旁，一直低頭道歉、賠不是。那時候，只見後座車窗搖了下來；我看見這名貴車子的主人，竟然是——頂頂大名的「台灣奧會主席吳經國先生」。

（我那時雖然是華視的菜鳥記者，但我還是認得出來知名度高的名人）

在我撞到名人的高貴車時，真的很緊張、不知道該如何賠償？

我很清楚記得——當時，吳經國先生走下車、看了一下車損，也對我說：「沒關係，下次開車要小心一點哦……」隨後，他立即示意駕駛，開車離開，留下在昏暗中滿臉感激、萬分感謝的我……

「給別人一個空間，就是給自己一個空間。」

「寬恕別人、原諒別人、歡喜自己。」

這是我多年前，從吳經國先生身上學到的待人美德。

吳先生一定不認識我，他或許也不記得這件事，但，我一直記在心中、感激在心裡。

三十多年前，他原諒一名不小心撞到他名貴轎車的年輕人、不要求賠償。

今天，我請擦撞到我車子的計程車司機，不要在意、趕緊離開、去開車做生意……因為，他每天奔波、勞累開車的運將生活，一定比我還辛苦許多。

今天，雖然我的車頭被擦撞、有車損，但說真的——「我的內心，一整天，都是歡喜的。」

水，是「柔和」的，它可以被放進任何的容器裡。

不管外界是如何剛硬，自然界中，最能屈能伸的元素，就是「水」。

不管外在情勢是多麼對立、衝突，人的心，都可以用「水之柔情」，來打開僵局，成為聚川之堅毅。

心，是「肉的」；心，也可以是「柔美」的。

當我們的心是「柔和、柔美」時，就像水一樣，可以納百川成巨河；在溝通時，若我們用「寬柔的心」來互相對待——**「多肯定、多稱讚、多寬厚、多諒解、多包容」，那麼，就一定可以減少衝突、贏得許多友誼。**

「善意溝通、溫柔回答，可使怒氣消退。」

「先傾聽，再傾吐；要對話，不要對立。」

上台說華語的印度女孩

勇敢、開朗、樂觀的心，
就能夠改變自己，進而改變命運。

今年四月，我在距離吉隆坡郊外車程二小時的海邊，一個名叫「適耕庄」的小鄉鎮，分別向育群中學、育群小學的師生與家長們演講。

偏鄉的孩子，在求學的過程中，或許沒有機會聽到激勵人心的演講；但藉由讀者王彩云小姐的主動與我聯繫，也感謝校方董事長、校長的大力支持，我來到了這個民風純樸、有「漁米之鄉」之稱的海邊小城市。

剛開始，偏鄉的孩子，沒有聽講「寫筆記」的習慣，但後來，他們做到了。

剛開始，鄉下的孩子，不敢「開口朗讀」，但後來，他們開口做到了，而且，還特別大聲。

剛開始，孩子們「不好意思、不敢公開舉手」，但後來，他們突破羞怯，勇敢做到了。

剛開始，孩子們「不敢勇敢站到講台上、開口分享」，但後來，他們做到了。

真的，孩子都有無限潛力、學習能力很強，只要正確引導他們，他們就敢上台、勇敢開口表達。

在育群中學演講結束前，有三十多名學生主動、勇敢上台，分享聽講心得。令我特別驚訝的是——一名印度女生，也上台，以標準的華語，站在台上，勇敢地分享她在台下聽講的心得。

這印度女孩，名叫 Sangeethaa（尚吉他），她念了適耕庄的育群小學、中學，姊妹也都學會華語。

後來她說，姊妹之間，如果要說一些兩個人之間「祕密的事」，就會「故意說華語」，讓她的家人「聽不懂」；而她在外面，也喜歡用華語跟人溝通。

當她在與親戚們講話時，有時會「故意講華語」，阿姨、舅舅們就會笑得很開心；而看到親戚們被她逗得、笑得很開心時，她就會覺得——「自己學了華語很成功。」

當我看到這印度女生寫的「聽講筆記」時，更是訝異——因為，她的華文字跡，竟然寫得如此「工整、漂亮」！我相信，很多華人學生，包括在臺灣的中學、大學生，字跡歪歪扭扭、十分潦草，但是這名印度女生，卻是如此用心、認真，把中華文字寫得如此整齊、好看。

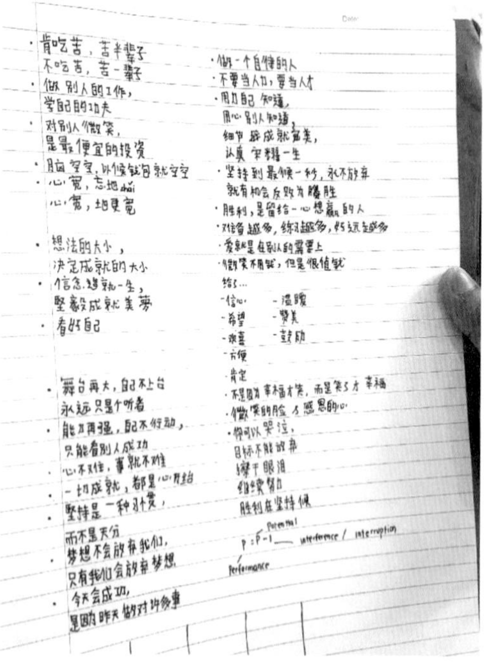

Sangeethaa又說，她每週都會寫三到四天的日記，也喜歡看漫畫、看小說。

而她對「學語言」很有興趣，現在已經學會講「五種語言」，也正在學習「第六種語言」。

哇，看到年紀輕輕的育群中學的印度女生，如此「有才華、有目標、有毅力」，也有超強的語言能力，真是讓人開心，也令我十分佩服啊！

「微笑不用錢，但微笑很值錢。」

「好心情，是一帖最好的心藥。」

看到這名印度女生，歡喜地學習華文、開朗地故意講華語，來逗樂自己的親戚、家人，讓我想像到——這幅畫面，真是十分溫馨、有趣、俏皮。

「工作像螞蟻，心情像蝴蝶。」

我們在學習、工作時，都要像螞蟻一樣「勤奮、認真」；而心情，則要像蝴蝶一樣「快樂、飛舞」。

我們在生活中，「多學習一項技能、多學一種語言」，再加上「勇敢、開朗、樂觀的心」，就能夠改變自己，進而改變命運啊！

心理學家馬斯洛曾說：**「心念變，態度跟著變；態度變，習慣跟著變；習慣變、行動變，人生就會大大改變。」**

「辛苦三五年，風光五十年。」

為了一項新技能、新語言，不斷學習、不斷投資自己，絕對不會吃虧，一定會為自己裝上一雙「信心的翅膀」，讓自己的人生展翅高飛。

第三章

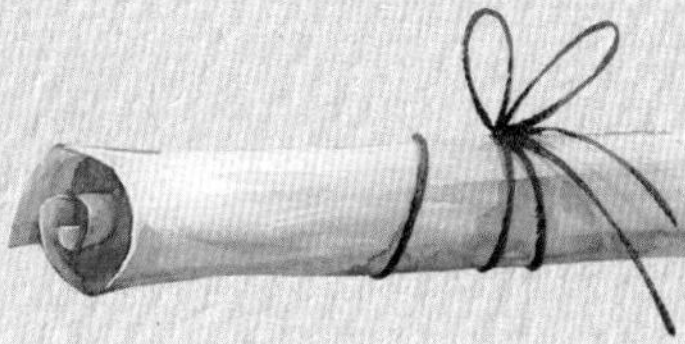

堅毅

堅強信念，化為行動

超有心的吉隆坡小姐

人若有心，十萬里路也不算遠；
人若無心，近在隔鄰也走不到！

有一次，我在馬來西亞檳城日新中學，有一場「力量來自渴望」講座會。在演講前，我聽說有一名小姐，是專程「從吉隆坡搭飛機來檳城」，參加演講會的。

我一聽，真是感到意外。

所以，在演講中，我特別請這位小姐站到台前來，跟大家說——「為什麼

她要特別從吉隆坡，搭飛機到檳城，來參加講座會？」

吉隆坡到檳城，開車大概要「四、五個小時」，搭飛機大約「一小時十分鐘」；也就是，大約是「台北到高雄」的距離。

這小姐站到台上說——她昨晚才從朋友那兒，知道我今天、週日要在檳城演講的訊息。

當她知道這訊息之後，就立即決定，在週日清晨三點多，就起床，準備到吉隆坡機場，搭機來到檳城，再輾轉搭車來到大山腳日新中學禮堂。

她說，她從當學生時，就看了我很多書，也給她很大的啟發；如今，戴老師來到馬來西亞檳城，她當然就一定要把握機會，趕快搭機來檳城，親眼聽戴老師演講，也和戴老師見面、拿書簽名……

而且，她，譚筠霖小姐，在講座會結束後，還要立刻搭機趕回吉隆坡，參加公司的開會……

聽到譚小姐的這番話，我真是十分感動。

誰願意清晨三點鐘起床，準備到機場、搭機一小時，到另一個城市，再輾轉坐車去聽一位老師演講？

除非，她真的是「很有心」。

人若有心，十萬里路也不算遠；
人若無心，近在隔鄰也走不到。

等待機會，不如把握機會；
把握機會，不如創造機會。
因為，「機會，就在行動裡啊！」

我們都在學習——要把「感動」化為「行動」，讓生命更加精采、亮麗、成功！

曾經聽過一句話：「當別人說你是瘋子的時候，你就距離成功不遠了。」

人生最精采的，不是美夢成真的瞬間，而是「堅持不斷學習、努力實踐夢想的過程」。

我們越是害怕、越是躲避、越是放棄，失敗就會「越黏著你、跟著你不放」。

困難、困難，困在家裏萬事難；
出路、出路，出去走走就有路。
不要唉聲嘆氣，而要勇敢走出去；
不要怕碰壁，只怕你不敢走出去。

有人說：**「安逸，是人生的安眠藥。」**

我們不能選擇安逸、不能選擇放棄、不能選擇隨便。

我們都要找到自我目標與渴望，奮力追尋，也非用心不可；

因為——**「人生就只有這一輩子啊！」**

五分鐘的即席演講

別向命運低頭！
認命，就是要認清命運、挑戰命運！

多年前，由中國時報系與時報出版合辦的——「戴晨志《口才魅力高手》即席演講比賽」，曾經吸引數百名年輕人與讀者前來參賽。

其中，一名來自馬來西亞在世新大學念書的梁德文，在決賽中時，抽到一個題目：「在冬夜，我這個流浪漢」。梁德文抽到這個題目時，有點緊張，但他只準備了五分鐘，立即上台，從容地面對大家演講……

「……這學期，我一個人剛到台灣來念書，有時候，對台灣的天氣還不太適應。前不久天氣開始轉涼時，我生病了；我病得全身發抖，把室友都嚇壞了，趕緊把我送到醫院……我躺在病床上，人很不舒服，但是我咬緊牙根，告訴自己：『在逆境中成長的孩子，一定要比別人更堅強、更勇敢！』因為，這條路——一個人到台灣來念書的路，是我自己所選擇的，我一定要堅強、堅定地走下去……」

梁德文挺著胸，站在台上自信地繼續說道：「我一向認為，我們每個人都要『認命』！但是，我所說的『認命』，並不是『向命運低頭』，而是要『認清自己的命運』，然後挑戰命運、改變命運……

其實，人生何嘗不是在流浪？今天，我來台灣來念書，就像是個流浪漢；可是，我的身分雖然是像個流浪漢，但是，我的心態絕不是流浪漢！我一定要找出自己要走的方向，也一定要認清自己的命運、勇往直前……」

梁德文短短五分鐘的一席話，既真摯又感人，而且鏗鏘有力、激勵人心，再加上穩健的表情、台風與手勢，最後摘下了冠軍的頭銜。

當梁德文從評審中拿到「第一名」的獎牌，以及「兩萬元」獎金時，他激動地在台上掉下眼淚，哭了！

他哽咽地說，他沒想到，自己竟然能從眾多口才高手之中拿到第一名（因當天參加者中，有來自教育部、新聞局的演講高手、公司老闆、公關高手、超級業務員……等近百人）。

梁德文在台上不諱言地說：「我來台灣念書後，經常勇敢地參加各項演講或辯論比賽！不怕大家笑，我的目的都只有一個——就是『為了錢』『為了獎金』。因為我的家境很貧窮，爸爸已經過世，我一個人剛到台灣來時，天天都吃泡麵，週六、週日則換吃餅乾……不過，貧窮沒有關係，我絕不會因一點挫折而退縮，我一定要走出自己的天空……」

在頒獎時，我將「第一名」的獎牌與與獎金，頒發給梁德文，也想到那一句話：**「困難、困難，困在家裡萬事難，不要唉聲嘆氣，要勇敢走出去！」**我們都要勇敢「突破困境」，讓自己走出美麗的人生。

有人說：「理想和現實是有差距的，但幸好是有差距，不然，誰還稀罕理想？」

的確，現實中，大家都是平凡的，但是，**在生活中，能把平凡的事努力做好，就是「不平凡」；把簡單的事做好，就是「不簡單」。**

說話，大家都會說，但要勇敢站上台，沉著、穩健地參加演講比賽，得到榮耀，那就是「不平凡、不簡單」！

電影《英雄本色》中有一段台詞：「我們每個人都會死，但並不是每個人都曾經真正活過！」

一個人，不要怕窮，要「窮中立志」；不要怕苦，要「苦中進取」。

我們每個人都應該「擺脫流浪漢的心態」——要努力活出自己、做出不平凡、為自己真正活過，人生就能從此翻轉、變得更精采啊！

寫滿註解的名片

一個人，只要有心，

任何困難都能勇敢突破！

應邀在吉隆坡的華文書市演講之後，我為讀者們簽名。

讀者們秩序井然地排隊上台……其中，有一名三十多歲的年輕人，遞上書本給我簽名時，也遞上了一張名片給我，客氣地對我說：「謝謝戴老師，我一直都看您的書，是看您的書長大的……您的書，改變了我的生命……」

「哪裡，一定是你自己很努力，才會不斷地進步！」我抬頭看了一下這男子，也微笑地收下他的名片。我看到他的大名，是姓「鄒」。

由於排隊等待簽名的人很多，所以我和這男生交談沒幾句，他就離開、消失在書展的人群之中。

回到了台北，我拿出了鄒先生的名片，仔細端詳一下。

名片的正面，印了一些學經歷；其中，也用藍筆在旁註寫著——「十年前」「三年前」「今年」。

我對鄒先生的這些註記，不甚了解，所以就打個電話給在吉隆坡的鄒先生。

「啊？……您是戴老師啊？」鄒先生接了電話，我聽到他驚訝、開心的聲音。

鄒先生，謝謝你在書展中給我你的名片，可是，可不可以請你告訴我，你寫著『十年前』『三年前』和『今年』是什麼意思？」我問道。

「哎呀，真是不好意思啦！我只是想告訴您，我一直都看您的書，激勵自己不放棄，所以，十年前，我努力從一所私立專科學校畢業……後來，我一邊工作，一邊念書，三年前，我從一所私立大學畢業，拿到學士學位！」鄒先生在電話中，喜悅地和我分享他的奮鬥歷程。

「那今年呢？」我問。

「今年，我又從國立大學畢業，拿到ＭＢＡ碩士的學位了！」

聽到鄒觀林先生歡喜的聲音，我也好開心，畢竟在馬來西亞要拿到國立大學碩士文憑，是很不容易的。我看到鄒先生的名片，上面印著「ＸＸＸ高級經理」。

「你一邊工作，一邊念碩士，一定很辛苦噢！」我問。

「是啊！我每天五點半下班，趕快回家沖個涼、換個衣服，就衝到學校去上課！我白天要上班、要衝業績，晚上又要念書、趕寫報告，真的很辛苦！」

「不過，你總算是苦盡甘來啦，恭喜你！」我說。

鄒經理在給我的名片背面，也用藍筆寫著：

「戴老師：
信念，這兩個字的確是存在的！
勝利總在堅持後！
我終於圓了我的碩士夢了，謝謝你！」

電話中，鄒經理又問我：「戴老師，您什麼時候還會到馬來西亞演講？」
我說，三個星期後，我還會到馬六甲的培風中學，與家長、民眾們分享。
「真的啊？……太棒了，我一定會過去。」
您知道嗎，在培風中學講座會的前四十分鐘，我已經看到鄒經理和他的朋友，笑嘻嘻地抵達了會場。而吉隆坡到馬六甲，下班擁塞時間，開車至少要花兩個半小時呢！

一個人，只要有心，任何困難都能勇敢突破！
只要不斷地挑戰、突破、進攻，就會是光榮勝利的大贏家。

過一陣子，鄒先生又傳訊息給我：

「戴老師，我剛收到本地國立大學的博士學位（政策研究）的錄取通知書了，八月尾要開學了。完成這個課程後，等我年紀比較大了後，我要成為一名大學講師……」

國際知名導演李安，曾榮獲奧斯卡金像獎「最佳導演獎」；他的作品《少年PI的奇幻旅程》中，描述一名印度少年，在舉家遷徙的海難中，所有旅客和動物全都不幸葬身海底，只剩下他和一隻老虎，漂流在汪洋的大海中。

老虎，每天虎視眈眈地想吃掉這印度少年，但，這少年卻是必須隨

時「儆醒自己」，以防自己被老虎吃掉……就這樣，少年和老虎同在一艘小船上，經過狂風暴雨、驚濤駭浪，度過了兩百多天……

每個人的生命中，都必須「有一隻老虎」，來警惕自己、督促自己，以防自己被懶惰、懈怠所吞噬！

在食人島中，安逸的下場，就是「白骨一堆」。

在險惡的環境中，放鬆、懶散的下場，就是「被淘汰」！

「安逸，讓人偷懶、鬆懈，是人生的安眠藥，也是毒藥！」不是嗎？

在生活中，「我沒有辦法讓自己不做什麼。」無所事事、整天發呆、好吃懶做，豈不是等於「混吃等死」？

有目標、有理想、心中有一隻老虎，才能讓我們「跨越舒適圈」，才能超越自我。

所以，才會有人說：「人生沒有懷才不遇，只有懷才不努力。」

左手寫字的老太太

面對逆境時，人都要學習——
「平心靜氣、知足常樂」「少怨氣、才會多福氣」！

多年前，我應中國「長春市立圖書館」之邀，在四月初，從北京轉機到長春市，與市民們一起分享。

我看了地圖，原來長春市的緯度很高，跟日本的北海道，或北韓差不多；所以，當我到達長春時，早上起來氣溫還是很低。是沁涼，也是寒冷。

到了長春圖書館，在搭電梯時，我碰到一位老太太，我們寒暄了兩句；她說，她是來聽我演講的。那時，時間還早，距離演講開始，還有一小時。

進入演講會場後，我把電腦、投影機準備好，市民也都陸續進來、入座。週末早上九點半的演講，民眾逐漸把演講廳坐滿，主辦單位不停地加椅子，也對我說，該館很少演講會有這麼多人，已經有四、五百人了……

在演講時，我看見第一排坐著我在搭電梯時遇見的老太太；她戴著老花眼鏡，很認真地聽我演講；她披著外套，露出了左手，很用心地一邊聽、一邊用左手在寫筆記。

在我演講、喘息的時候，我拿起手邊的相機，拍下她用心寫筆記的神情，也問她：「婆婆，請問您是左撇子嗎？」

「不是啊，我是右撇子。」老太太抬起頭，對我說。

「那您怎麼用左手寫字？」我問。

「因為，我右手受傷、骨折啦，被石膏固定住了，不能用右手寫字，我只好改用左手寫字……」

剎那間，我好感動！

我們曾幾何時，因為右手受傷、不能寫字、不能寫作業或報告，而自願、自動改用左手來寫筆記？我們豈不都有了很好的「藉口」，說「我的手受傷了，不能寫字」，而請老師通融，讓我們不用交作業？不用寫報告？

我又問婆婆：「那您用左手寫字，練了多久了？」

「大概十天了！」

哇，太厲害了，太棒了！我看著她，用左手寫筆記，而且寫了很多，密密麻麻……我不禁請現場的觀眾，給這位老太太大聲掌聲鼓勵！

會後，我看了一下她所寫的兩、三頁筆記；說真的，她用左手寫的字跡很難辨認，其中寫著我演講時所說的話——

「挫折使人謙卑，流淚讓人看見。」

「手把青秧插滿田，低頭便見水中天；身心清淨方為道，退步原來是向前。」

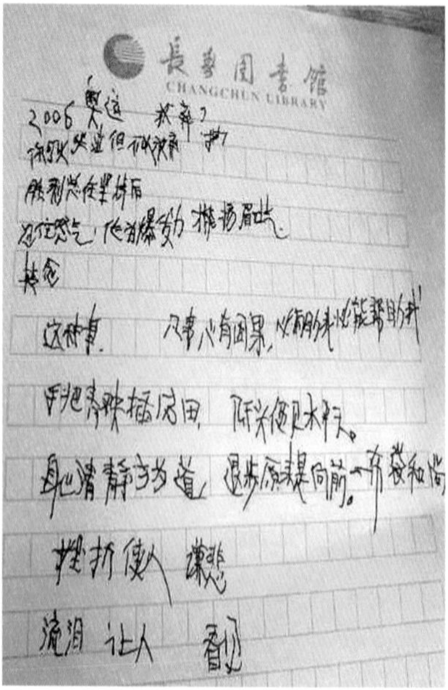

我把這老太太用左手寫的字跡歪扭的筆記，經過她的同意，用相機拍了下來，作為紀念；她如此用心，不畏艱難、愈挫愈勇、勇於克服困境的精神，實在令人欽佩不已！

其實，每個人的人生，都像是一幅「心電圖」，一定會有高、低、起、伏；沒有波折，是不行的，也會是靜死的……我們的「心電圖」若是靜死、沒波折、不跳動，我們就是「沒心跳、死去的人」啊！

我們都可以就像長春圖書館的老婆婆一樣，即使右手受傷，都不要小看自己，要自信地看好自己、克服困難、用心學習——為自己走出一條快樂、歡喜的道路。

我們都聽過一句話：「知難而○」，其中的「○」什麼呢？……很多人會回答：「知難而退！」

可是，為什麼不是「知難而『進』」呢？

看看小螞蟻——當我們用一條小橡皮筋，放在小螞蟻要前進的方向時，牠會退縮嗎？不，不會！牠會「繞道、迂迴」，想盡辦法「突圍、前進」，牠們都是「知難而進」，而不是「知難而退」的！

因此，在遇見挫折、困難、逆境、病痛時，人都要學習「平心靜氣、知足常樂」「少怨氣、才會多福氣」！

只要「心平氣和、平心靜氣」，就能「改變心境、脫離困境」，也才能使自己邁向愉悅、歡喜的順境。

有句話說：**「世界上只有想不通的人，沒有走不通的路。」**

碰到挫折，是必然的，都是老天在磨鍊我們。

只要心情開朗、喜樂，充滿自信自律，也隨時看好自己，那麼——「地球是旋轉的，風水輪流轉，人不會永遠都是失敗、倒霉的啊！」

在湖中橋上的年輕學子

成功，不是天上掉下來的，
是自我苦練、勉強而來的。

多年前，我曾應邀到大陸天津一家知名台商去演講；演講結束後的晚上，接待人員在晚餐後，帶我到附近的「天津南開大學」去參觀、散步。

那天夜裡，校園昏昏暗暗的。我看見，校園裡有一個湖，湖上，有一座橋。

遠遠的，我發現，橋上，聚集了很多男女生在那兒，不知道在做什麼？

當時，我的心有點納悶，想到這些人這麼晚了，校園這麼昏暗，也看不太清楚，還在橋上吱吱喳喳講話幹什麼？

後來，接待人員告訴我：「他們都是在那裡『練英語』！」

「啊？……練英語？……」我吃了一驚。

「對啊，這些學生都是自動自發來到橋上，來練習講英語；他們彼此規定，上了橋，就必須用英語交談，不能講普通話，要強迫自己練習講英語……因為，他們從外地來，沒有錢上英語補習班。」

天哪，怎麼會有這種事？太不可思議了！

多年後，我有機會在台北接待我的母校——美國奧瑞崗大學的副校長張春生博士，他主管「國際事務與發展」。當張博士從美國來到台北開會時，我與他見面，也不經意地向他提及上述「橋上練英語」的事情。

此時，張博士很興奮、手舞足蹈說：「對、對、對，那就是我的母校『天津南開大學』。以前，我們都在那個湖的橋上練英語的！那個湖，我們叫它『馬蹄湖』，我們每天早上、晚上，都有人在那兒練英語，我們把那附近稱為

『English corner』（英語角）……」

張博士開心地對我說，他就是在那裡苦練英語，後來才到美國留學、教書；最後，在八十多名美國博士群中，脫穎而出，被挑選為奧瑞崗大學的副校長。而他，只比我大兩歲。

以前，我去過北韓平壤等地旅遊，只見官方指派給我們旅行團的當地女導遊，講得一口標準的中文。

我很驚訝地問她：「妳有到過中國學中文嗎？怎麼妳講得這麼好？」

「沒有啊！我們是不能隨便出國的。我是念中文系的，中文都是靠自己苦練的！」這漂亮的女導遊說。

也有一次，我受邀到西安某保險大會演講；因為有美國來的外賓、高階主管，所以大會就安排了三名女生做現場口譯。我一邊用中文演講，這三名女生就輪流用英語，即席翻譯給現場的美國人聽。

後來，我問保險公司總經理：「這三名這麼棒、會現場即席口譯的女生，是不是都是留學美國回來的？」

「沒有啦，她們都沒出過國！她們都是大學畢業，自己苦讀、苦練，才有機會當即席口譯員……」

成功，不是天上掉下來的，是自我苦練、勉強而來的。

「自古成功靠勉強！」

「後天的努力，也是可以成功的！」

在我們學習的過程中，我們都必須詢問自己「to be」這個問題。

「to be」是什麼？就是「你想成為什麼樣的人？」

當你知道，也渴望想成為什麼樣的人時，你就要朝著「to be」的方向，不斷地努力、奮鬥、前進！

因為，「to be」就是一個目標、一個信念，也就是我們自己心中「未來想走的路」。

有人在年輕時，苦練英語，出國念書後，當了教授、副校長；有人苦練中文，讓自己脫離貧窮、在北韓當導遊，或是當英語現場的即席口譯，比一般年輕人有更高的薪水收入。

「信念造就一生，堅毅成就美夢！」

在經過無數的艱辛努力、奮鬥之後，「最後笑的人，笑得最好、最美、最燦爛。」

（He who laughs last, laughs best.）

年輕時，有位老師曾告訴我們——「要隨時問自己：『你正在做什麼？』」

生命，是一份極珍貴的禮物，我們都不能浪費每一天。

《最後的演講》作者蘭迪．鮑許教授，因罹癌而過世；他的太太潔伊．鮑許，在新書《最後的演講永不完結》中說：「是的，我經歷過悲慟，但，我必須走出去，否則就會錯過一路上許許多多的快樂時刻，也就成為另一樁真正的悲劇。」

「我明白，我現在就該為自己做些事，不要再拖延，不要往後推遲到人生較晚的時候。我必須從每天獲得一些歡樂，而不是等到明

天……」

是的，人生要築夢，都不能拖延、推遲；沒有「Right time」，只有「Right now」。

我們不能一直回望過去的悲傷與失望，要像一隻「跳跳虎」一般，勇敢開創明日的可能與美好。

「我正在做什麼？」「我還可以做什麼？」

「為什麼別人做到了、成功了？但，為什麼不是我？」

「想採取行動，不是現在？那要等到何時？……」

想成為什麼樣的人？想成就什麼樣的自己？……「空想」是沒有用的，「立刻去做」才有用。

因為，**「態度，決定人生的高度；器度，決定一個人的廣度。」**

早上八點的心得報告

我沒電腦，但我有大腦；
積極主動，才不會掉入黑洞。

有一天晚上，我在馬來西亞關丹市演講時，面對近千名的聽眾說，誰願意把今天聽戴老師的演講心得，寫成兩篇報告，一份是「戴老師演講的內容與心得」，另一份是「戴老師演講的優缺點」；並將報告送到我下榻的酒店，我會幫你修改文章，也打電話和你討論……

可是，這兩份心得報告，什麼時候要交呢？我說：「明天早上八點要交！」

哇，這是一個辛苦、不討好的任務與挑戰！因為當天晚上聽完演講，簽書會結束，再坐車或騎車回到家，已經是快十一點了，洗個澡，但不能睡覺，要熬夜寫作、寫聽演講的心得報告；太累了吧，又沒工讀金或獎金，幹嘛跟自己過不去？

我相信，大部分人都會這麼想——先睡覺再說吧，寫什麼心得報告？那又沒有什麼重要！

可是，隔天清晨七點五十分，我到旅館櫃檯準備check out時，櫃檯小姐說：「戴先生，剛才有個小姐拿來這牛皮紙袋，說是要交給你的。」

我打開一看，哇，是昨晚來聽演講的一名女生，用心寫的兩份報告。她在牛皮紙袋上，她寫著：「戴老師，抱歉，這是我用手寫的報告，因為我家沒有電腦；雖沒電腦，但我卻有大腦……」

當我看到這第一句話時，我心頭突然一顫。

她，用手寫了「六頁」密密麻麻的心得報告。

這女生珮菁，聽了我的演講，也聽進了我的話。她在簽書會後，十點多離開會場；搭車回家後，一個晚上沒有睡覺，持續用心地思考、寫作。

因她寫完第一份報告時，在上面註明時間是「凌晨03：30」。天哪，凌晨三點半，好睏、好想睡覺哦！而當她在寫完第二份報告時，也在報告上註明的時間是「05：05」。

珮菁為了挑戰自己、達成自我目標，寧可犧牲、放棄一個晚上的睡眠；當她把兩份報告認真、用心地寫完時，天也亮了！那時，她一定很累，但我相信，她也很開心，因為她為自己設定目標，而且挑戰成功了！

在這份熬夜寫出來的心得報告中，珮菁寫道：

「凡事主動，才不會掉入黑洞！」

哇，這句話真的是太棒了！只要積極主動，人生就不會掉入幽暗、懶散的大黑洞。接著，她又寫著：

「一生短暫，我要 Win 得漂亮！」

的確，人的一生很短暫，怎能不珍惜呢？我們都可以讓自己的一生，win得很精采、很漂亮啊！

這女孩又寫道：「還沒呈交心得報告之前，我是個相信命運始終會作弄我的人，我會胡思亂想——或許會因某些原因，老天作弄我而讓我交不到心得報告給您。不過，也許現在，戴老師正在閱讀我這草草又花花的心得報告。請告訴我，我已逆轉了命運……」

是的，珮菁，因著妳的「認真、用心、執著與勇敢」，妳已經扭轉妳的命運！妳，一晚熬夜寫的報告，沒有白費，因戴老師正把妳「鍥而不捨、使命必達」的態度與文章，當成典範，放在書本中來跟更多人分享妳的認真與榮耀。

而我也很開心，因在越洋電話中，我聽到妳興奮、愉悅的聲音。

我相信，只要妳始終秉持著這份認真、執著的態度，妳的人生一定會不一樣；將來，我們只要願意勇敢接受挑戰、凡事積極、主動，就永遠不會掉入「人生的黑洞」。

「凡事主動，就不會掉入黑洞。」這句話，讓我學習甚多。

只要願意「主動去做」，就不會覺得苦，也不會覺得累，一切都是美好！

有些人，願意主動「找苦吃」，別人不願去做的事，他挑起來做，就像是一個**「痛苦轉化器」**——專門找苦吃，卻轉化為快樂。這種人，學習最多、收穫最大，也必最受老闆與主管肯定。

可是，能夠使人「化苦為樂」的神奇妙方是什麼呢？其實，就是內心的一個念頭——「我願意！」

再苦的事，只要內心願意，勇於承擔，就不苦了。

再簡單的事，只要不願意，就一直臭著臉，邊做邊罵，就會很苦。

「我願意」，是讓一個人，人生從此不一樣的重要心態與轉折。

你願意「渾身是勁、使命必達」；你願意「鍥而不捨、挑戰不可能」，老天就會為你開路、開門。

所以，**只有願意吃苦、嘗試艱難的人，才能達成不可能的成就。**

有句英語說：「If you have no intention to do the impossible, you are sure to do the possible.」（如果你沒有企圖心，去做不可能的事，那麼，你只能做些可能的平凡事。）

一個主動積極，願意「吃苦、耐苦」，也怕「沒苦吃」的人，相信，一定會是老闆眼中的最優秀人才！

（過了一陣子，這女孩珮菁又再和我聯繫；她說，她已經在新加坡找到一份很好的工作了。）

總經理的餐桌觀察

「小事成就大事，細節決定成敗。」

「成敗靠用心，輸贏靠細心。」

與朋友聚餐或吃飯時，我常會想到一件往事——

十多年前，我應邀到中國大陸一家保險公司去幫員工們上課、分享，前後行程有三天。

這家保險公司的總經理人很好，態度也很客氣；吃飯時，他也請其他主管與我一起用餐。再加上晚餐、隔天的午餐、晚餐……算起來，約一起共餐三次。

第三天午餐後，課程結束，我即將離開該公司，總經理還是一樣，很熱情地請主管們與我一起用餐、聊天。

席間，我吃得很高興，就跟總經理說：「非常感謝總經理三天來的熱情接待與招待……尤其，今天午餐的每一道菜，都非常好吃，真的是太棒了，謝謝總經理……」

這時，總經理也很開心地說：「我也謝謝戴老師大老遠，從台灣來到我們這裡，幫我們員工上課，讓我們大家都受益良多……」

接著，總經理又說：「其實，不瞞戴老師，前兩天我與戴老師一起用餐，應該有三次；我在每一餐、都有特別觀察、注意——戴老師夾哪一道菜的次數比較多？我就默記在心裡，也特別記下來……所以，這一餐是我們最後的一餐，我就請廚師特別煮您喜歡吃的菜、都一起端上來……」

我一聽，十分訝異，也當場愣住了。

哇，這總經理，竟然在用餐時，「特別觀察我常夾吃哪些菜」，記下我喜歡吃的是哪些菜，而在最後一次餐敘時，特別端上我最喜歡吃的菜餚。

說真話，這是十多年前的往事，我已忘記這總經理的名字了；可是，他在每餐中，「細心觀察我喜歡吃哪些菜的這件事」，一直深記在我的腦海中。

每個人，都會有「選擇性的記憶」。當別人對我們特別好、給我們溫暖時，我們都會牢記在心裡；相反的，別人對我們不好時，我們也會記憶在腦海裡。

「用心、認真、細心、善待別人」——
就會讓人感激、感動在心中。

真心、真誠地——「給人歡喜、給人肯定、給人溫暖、給人感動」，是我從這位總經理的身上，學到的一件事。

「小事成就大事，細節決定成敗。」

「成敗靠用心，輸贏靠細心。」

我很感佩一些人，做事、做人都細心、周到、觀察入微，讓人覺得十分溫暖、感激與貼心。

所以，「事事洞悉皆學問」，只要用心觀察，到處都有值得我們學習的人、事、物啊！

「人，不怕慢，只怕站；不怕老，只怕舊。」

我們都不怕自己走得慢，只怕我們一直站立、停頓、不再往前進。

我們不怕年齡老了，只怕我們的心舊了、鈍了、不再學習了。

只要我們願意多用心、多觀察、多記錄，那麼，到處都是我們的老師，值得我們效法、學習。

「一個人的態度，決定一個人的高度。」

只要我們虛心求教、多看到別人的好、多看別人的優點，我們就能——「把別人的優點與智慧，放進自己的腦袋。」

「用心經營細節，就能成就完美。」

我們不求「十全十美」，但可以「盡心盡力」「力求完美」啊。

超越自己的收費員

「自卑是毒藥，自信是解藥。」

尊榮，則是屬於自律與堅持的人。

曾接到從日本寄來的一封信，內容是用毛筆寫的。

這女讀者，原是在台灣高速公路收費站工作的收費員，每天工作時，必須忍受吸入許多汽車通過時的廢氣。

然而，她想：「我每天要過這樣的生活嗎？我必須改變……我要努力改變自己……」

於是，她每天苦讀日文，希望有朝一日，能通過日文檢定考試。

女讀者喜歡看我的書，也把書中的好話記寫在筆記上。

她在給我的信上寫著：「以前在收費站時，我連三十分鐘休息時間，都要背日文，結果，我被一名男收費員嘲笑！

他對我說：『我哥哥念日文系，考二級都考不過；妳才念日文沒多久，怎麼可能考上？我看，妳是在假讀書吧！』……」

這女讀者接著說——我不太會生氣，也不想生氣，因老師您書中的話已浮現在我腦海：「不生氣，要爭氣！」

當時，我的反應是：「這男生是怎麼了？怎麼這樣嘲笑人呢？……我當然知道日文檢定很難，才要這麼努力K書呀！我，我一定會考上，因為，「只要我說能，我就一定能啊！」

在那當下，這女讀者並沒有向那男生大聲反嗆，只是笑笑地對他說：「謝謝您的激勵，我會更加努力！」

這女讀者，在短短一年半之內，從三級、二級，到最難的「一級日文檢定」，全都通過了。

當時，女主管破例地在布告欄上，幫她張貼出紅榜、慶賀她；而那曾經嘲笑他的男同事，後來對她豎起大拇指說：「沒想到妳還真的考上了，我真的佩服妳！」

這女讀者不久後又考上了導遊執照，也在補習班教日文；她交了日本的男朋友，結果，為了男友，她選擇遠嫁到日本去了！

後來，她也生了一個可愛、活潑的小男孩，而且小男孩的中文、日文具佳。

哈，有志者，事竟成啊！

這女讀者的信上說：「戴老師，我把您書中的話寫下來、背起來，並且加以實踐……**我認為，要讓對方『閉嘴』的最好辦法，不是還擊、不是吵架，而是——用心、認真做給對方看，也要超越他……**」

看到這女讀者的信，我好開心；她，「把嘲笑當成激勵」，是一名「勇於改變、勇於創造自我命運的人。」

她在信中又附上她用毛筆所寫、我書中摘錄的一些名言佳句：

「自卑，是人生毒藥；自信，才是唯一解藥。」

「尊榮，是屬於自律與堅持的人。」

「最後笑的人，笑得最美。」

「忘記背後，努力向前；走過今生，千萬認真。」

以前我在念書時，一位老師就告訴我們：

「你要知道，你正在做什麼？」

「你要知道，你會什麼、不會什麼？你以後想要做什麼？」

「一個人，失去目標、志氣與勇氣，比貧窮更可怕。」

我們都要用「智慧與生命力」，找到自己的擅長、優勢與最愛，也找到「自信與價值」。

有句話說：「人家都已經上天空了，我們還在殺豬公。」

的確，一個人不能一直原地踏步、不求上進啊！

「決定，就要做得狠一點！」

我們要「把悲憤化為力量」「把怒氣，轉化為爆發力」，將來才能揚眉吐氣！

只要打定主意——我不要「放棄」，我要「前進」；我要用盡全力，我不要「棄」，只要「攻」，就一定有反敗為勝的契機！

第四章

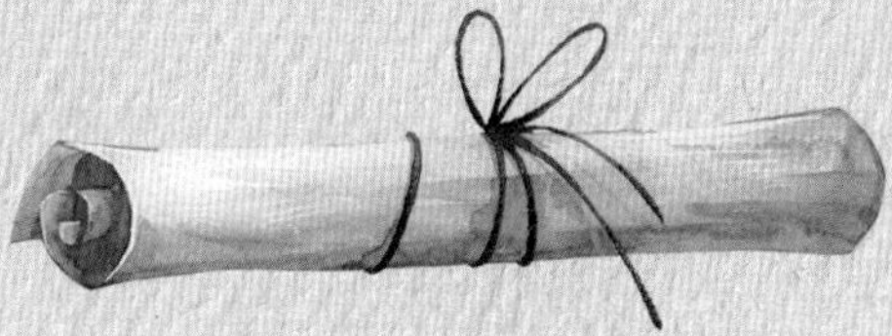

良善

善心美意，散播能量

唱歌的妹妹與伴奏的哥哥

幸運，是自己爭取來的；
成功，是自己打拚來的。

平常，我有做剪報的習慣。二十多年前，在報紙上看到一讀者寫的一篇短文，其中提到，他年輕時，曾陪著妹妹去報考國立藝專音樂科聲樂組。這哥哥會彈鋼琴，所以就幫妹妹擔任伴奏。

一到了術科考場，這妹妹心情非常緊張，因為國中畢業，考五專音樂科，要面對五位教授在現場唱歌，真讓她心臟怦怦跳。

後來，輪到妹妹站到台上，她深深地吸了一口氣；哥哥的前奏開始了……妹妹也開口唱出：「燕子啊——」

妹妹的歌聲真的很嘹亮，可是，怎麼突然間，歌聲停止、不唱了呢？

此時，會場的氣氛凝住了！可憐的妹妹，太緊張了，忘詞了！坐在旁邊伴奏的哥哥更是焦急，看著妹妹傻愣在台上，心想：「唱啊，趕快唱啊，怎麼不唱了？……拜託，妳練了三年的聲樂，怎麼只唱了三個字而已？」

就在妹妹紅著臉，準備要下台的那一刻，哥哥從鋼琴椅上站了起來，急步走到評審前面，面向五位評審深深地一鞠躬，然後說：「對不起，可不可以再給我妹妹一次的機會？」

這哥哥，沒等評審說「好」或「不好」，就一個人快步地走回鋼琴旁，坐了下來，又開始彈起前奏。

這一次，妹妹放鬆心情，重新用嘹亮的嗓子唱出：

「燕子啊，聽我唱個我心愛的燕子歌，
親愛的聽我對你說一說，燕子啊！

燕子啊，你的性情愉快親切又活潑，
你的微笑好像星星在閃爍，啊——
眉毛彎彎、眼睛亮；脖子勻勻、頭髮長，
是我的姑娘，燕子啊……」

哇，這妹妹把這首新疆民謠，從頭到尾，毫無瑕疵、毫無忘詞地唱完了。

考完試，哥哥陪著妹妹回家等放榜。過一段時日，這妹妹接到成績單時，高興地跳了起來，因為她以高分，考上國立藝專音樂科聲樂組。

看到這個故事，我心中十分感動！

妹妹考上我的母校——藝專音樂科聲樂組，最大的功臣是誰呢？當然是「哥哥」！為什麼？因為哥哥有「勇氣」！

假如，當時妹妹只唱了「燕子啊」三個字，就赤紅著臉下台，她絕對考不上這所學校。可是，因著哥哥「敢於開口，勇於創造機會」，終於逆轉形勢，化不可能為可能，為妹妹爭取「再來一次」的新契機。

所以，**「只要有勇氣，就一定有舞台、有機會。」**

人們所缺乏的，常常就是「勇氣」與「膽識」。

我們在碰到困難時，常常會說：「啊，算了，放棄算了！」

可是，「放棄很簡單，只要一秒鐘；而成功，卻需要一輩子的努力與堅持啊！」

在一些演講的場合，我曾多次當眾唱著這首歌《燕子》。

其實，我原本不會唱這首歌，但我請朋友幫我找出這首歌的歌譜、歌詞，我也試著學唱；我走路時唱、開車時唱、洗澡時也唱，我像瘋子一樣，不停地唱！

我問台下聽眾——您猜猜看，當我第一次在演講台上，要當眾演唱這首歌，我要練習過多少次，才不會忘詞？

有聽眾說「十次」，有人說「二十次」，也有人說要「五十次」，更有人說：「戴老師不太聰明，可能要一百次」……

的確，我不聰明、我很笨，所以，我自己至少練唱過「兩百次以

上」。當我站在台上唱這首歌時，會忘詞嗎？應該不會，因我已經把歌詞背得滾瓜爛熟了！

我深信，每個人都應該**「把感動，化為行動」**，才能成功；若空有「感動」，卻沒有「行動」，又有何用？

因為，成功不是靠「夢想」，而是靠「實踐」啊！

有人說：「成功的人，總是創造機會，好上加好；
失敗的人，總是恐懼退卻，拒絕嘗試。」

碰到困難時，我們都不能輕言放棄；都可以「再嘗試一下」，為自己創造機會，進而逆轉情勢！因為，與其默默地接受失敗，不如勇敢開口請求，就會有「突破、轉進」或「反敗為勝」的機會。

人，只要誠懇、謙虛地開口，就一定會遇見天使。

「幸運，是自己爭取來的；
成功，是自己打拚來的。」

愛看書的原住民媽媽

有了「愛」，我們臉上就會帶著「微笑與自信」，
讓我們快樂、勇敢地向前行！

有一天，我收到一封來自桃源鄉的一封信。
「桃源鄉」在哪裡呢？後來我查了一下，是在高雄縣，南橫公路上的一個山地鄉（現已改為「高雄市桃源區」）。

這女孩在信中說：

「戴老師，

我是住在一個偏僻的鄉村小孩，我是原住民，父母是一般的工人，家境並不是很富裕；但是，我有一個很愛看書的媽媽，只要有機會下山採買東西，她一定會去書店看看，買一些書回來。

認識戴老師您的書，也是媽媽的介紹及推薦。

媽媽對我說，戴老師的書很好看，也很有勵志人心的作用，所以我們家中的書櫃，有很多老師您的書。

可是，我媽媽在前年十二月一日，因為肺癌走了！

我希望老師您可以送我一張您的簽名，我想送給我媽媽；因我很想拿老師您的親筆簽名，到媽媽的墳墓前面，驕傲地說：『媽，我有您最愛的戴老師的簽名了！』」

當我看到這封女讀者的信時，我的手在發抖、我的身體像被電流電到一樣，全身「觸電」般地麻了一下；因為，我從來沒有收到如此讓我震撼、感動的一封信。

我坐在椅子上，靜靜地想像一些畫面——

在偏鄉山地村，原住民媽媽，買書回來，鼓勵自己的孩子多閱讀、多讀書……

這名女讀者，期盼拿著我的親筆簽名，到媽媽的墳墓前面，開心、驕傲的告訴媽媽：「媽……我已經拿到您最喜愛的戴老師的簽名了……」

坐在椅子上，我的眼淚掉了下來……

我是多麼感動——這位媽媽在生病時，還不斷地給予兒女們「愛、鼓勵和期待」！

因為這女孩的信中有留手機號碼，所以，我打個手機給她。

她，接到電話，好驚訝、好開心……
她說，她已經護專畢業，在醫院當護理師。
我也真心謝謝她，願意和我分享——她和媽媽這麼親密的感情，以及思念媽媽的心情。後來，我也把親筆簽名寄給了她。

「愛，就是真心的關懷與對待。」

在父母愛的鼓勵之下，孩子成長了、孩子茁壯了，也懂得感恩了。
生命中，雖然有挫折與傷痛，
但，有了「愛」，
我們臉上就會帶著「微笑與自信」，讓我們快樂、勇敢地向前行！

當我把這件讀者來信的故事，在聊天中告訴朋友時，朋友跟我說：「晨志啊，你知道嗎，你這輩子，你是有使命的……老天透過你的文筆跟口才，讓所有看得懂華文字的人、聽得懂華語的人，都能得到你的鼓勵與激勵……真的，你是有使命的……」

當我聽到「使命」二字時，我當場愣了一下。

說真的，我從未想過，「使命」二字，會放在我身上。

可是，當我沉澱心情下來、我思考了一下，心想：「的確，我是有使命的……我過去雖然沒考上大學，但一路走來，我沒有放棄自己，

讓自己『不看破、要突破』，不斷讓自己有成就、被看見，進而幫助別人，也盡量成為一個有影響力的人。」

其實，不是我有使命，而是——**「我們不能小看自己，因為，我們每一個人，都是有使命的！」**

「我們都不能讓自我才華，跟我們一起出生、一起死掉啊！」

「生命即使有挫折，臉上依然要掛著微笑。」

「我們非用心不可，因為，人生就只有這一輩子。」

除夕夜醫師的緊急任務

把自己的專業所學，奉獻給社會；
即使生命有意外，也把身體貢獻給更需要的人。

《聯合報》曾刊載，一名林姓男子，於除夕凌晨腦溢血，在送醫途中昏迷不醒；後來經台中榮總醫師二次腦死判定確認，家屬決定「化小愛為大愛」，同意捐出林姓男子身上「所有的器官」，給其他需要的病人。

當我們大家都在過新春假期、全家團圓時，台中榮總有一百多名移植團隊的醫師和護理人員，犧牲假期，全部返回醫療崗位；包括心臟外科、腎臟科、肝臟、眼科、泌尿外科、整形外科、麻醉科……一百多名醫護人員，全部趕回醫院、執行全器官移植任務。

在大年初二上午十點，台中榮總的頂尖醫師們，一起坐鎮四個手術室，同步進行「捐贈器官的移植手術」；大家分秒必爭、小心翼翼，多名醫師也不斷連接交棒，為被判腦死的林姓男子，進行器官移植手術，直到大年初三凌晨……

後來，也和中山醫學大學附設醫院的醫療團隊合作，終於先後完成心臟、肝臟、腎臟的移植手術，也完成眼角膜、皮膚組織……等多項器官的摘除、移植手術。

這項全身器官捐贈、移植的重大手術，也讓二十個受贈病人與家庭，歡喜重獲新生。

看到這則新聞，台中榮總有些醫師新春放假，可是，當除夕夜辛苦開長途車、回到屏東老家時，突然接到醫院的電話，立刻又開車衝回台中榮總、待命進行移植手術、來幫助一些正等待器官受贈的病人……

我反覆看著聯合報，看了三、四次、五、六次，腦中也想像著——這四個手術室裡，有許多醫師的緊急、緊張，卻又專業、鎮定的手術畫面；此時，我的眼睛模糊了、眼淚掉下來了……

記得近三十年前，有一次，我和我哥到林口長庚醫院，探視一位親屬。走在醫院時，我哥指著大廳牆壁上密密麻麻的字，告訴我：「姊姊的名字，有刻在上面。」

我仔細一看，真的，我看到我姊姊的名字了，因為，我姊姊在一次車禍後身亡；後來我哥獨自決定，捐贈出姊姊的眼角膜，給急需要的人。

當時，我正在美國念博士班，爸媽也剛好第一次出國，到新加坡旅行。

我姊姊是醫院護理師，小夜班下班時，騎著摩托車回家，卻被超速車輛撞上、當場身亡。

我哥趕到現場時，姊姊已確定死亡，我哥當場決定，將姊姊的「眼角膜」，趕快捐出、遺愛人間……

也因此，我姊姊的名字，被刻在醫院「器官捐贈者」的大大牆壁上。

在姊姊過世後，我曾經寫了一篇紀念文章，刊登在報刊上；內文中提到「姊姊享年三十五歲」……

後來，朋友來電說：「小戴，你有一個字寫錯了……」

「啊？……哪個字寫錯了？」我不解地問。

朋友對我說：「年紀大的老年人過世，才叫做『享年』；年紀輕輕的人，不幸過世，是叫做『得年』『得年三十五歲』……」

（不過，「得年」「享年」「享壽」「享耆壽」的用法，各有所不同。）

讓我們一起為盡力從事醫療、照顧病人、隨時待命救人的醫療人員，致上最高的敬意與謝意。謝謝您們！有您們，真好！

人的一生時間有限，我們所選擇的工作，一定是要自己喜歡、熱愛、願意全心投入的工作；因為，我們都要「把自己放對地方，才會迸發出天才」。

我們就是要「開朗自信、熱愛工作」，也要懂得——

「不生氣，要爭氣；不計較，常歡笑；
不灰心，要開心；少怨氣，多福氣。」

我們把自己的專業所學，奉獻給社會；即使生命有意外，也把身

體、器官，貢獻給更需要的人，那麼，我們這一生，瀟瀟灑灑走一回，全無遺憾了。

「開朗一點、自信一點、認真一點」；

集滿三點，我們的人生，就會更開心一點、更有價值一點。

捷運站的口罩

多說溫暖的話、多說關心的話；
多說讓人歡喜的話、多說令人鼓舞的話。

看到電視新聞報導，疫情期間，公車司機從後視鏡中，看到一老先生乘客沒有將口罩戴好，就大聲告知老先生，要戴口罩……

老先生一聽，被斥責了，也很不服氣地反嗆：「我有戴口罩啊……」當時，老先生只是把口罩暫時拉下、透透氣……

也有一婦人要上公車，司機大聲、嚴厲說：「先把口罩戴好，再上車！」

婦人委屈地說：「我有帶口罩啊，你講話可不可以不要那麼大聲、那麼凶……」

婦人緩緩地從皮包中拿出口罩、戴上口罩，可是，司機還是大聲嚴厲的說：「政府就是規定，一定要戴口罩才能上車……」

唉，每天，到處都有說話造成的衝突、糾紛、對罵、憤怒、大打出手，甚至雙方掛彩……

人與人之間，能不能「好好說話」「輕柔說話」「溫暖說話」呢？

有一次，我獨自一人走進捷運站，心情輕鬆地站在月台上，等待捷運班車。

這時，站在一旁的男管理人員輕聲地問我：「你沒有戴口罩喔？」

我一聽、心一驚！

天哪，疫情期間，我竟然忘了戴口罩，就走進了捷運站。

「不好意思，我忘了戴……我平常都是開車，很少搭捷運……」我很尷尬地說。

「那你身上有沒有口罩？」男工作人員輕輕地問我。

我搖搖頭說：「沒有！」

此時，我想，我就要被趕出捷運月台了；畢竟，是我自己忘了戴口罩。

此時，只見這男工作人員，從褲袋中，拿出一疊用透明塑膠袋包著的口罩，並拿出其中一個，遞給我說：「這是紙做的口罩，厚度比較薄，你拿去暫時用一下……下次搭捷運，要記得戴口罩喔！」

哇，這時，我真的好感動、好溫暖、好感謝哦！

這男工作人員沒有大聲斥責我，也沒有把我「當眾趕出去捷運月台」；他輕聲、柔和地對我講話，同時拿出預備好、要免費提供給忘記戴口罩乘客的「紙做口罩」……

捷運車子進站了，我向這男工作人員，真誠地微笑、致意、感謝；也帶著滿滿的溫暖，走進捷運車廂！

說話，可以讓人「快樂歡笑」，也可以讓人「憤怒暴跳」；

說話，可以讓人感到「溫馨無限」，也可以讓人覺得「痛恨無比」！

我們，可以學習「好好說話」嗎？

我們對家人、對朋友、對同事、對陌生人……都可以用——「溫柔的心、溫和的態度，好好說話。」

我們要「多說溫暖的話、多說關心的話；多說讓人歡喜的話、多說令人鼓舞的話。」

古人說，「舌者，殺人之利器也。」

有些人常用生氣、憤怒、狠毒的話語，把對方刺得遍體鱗傷、啞口無言；但，這也只是一種「假勝利」，因為，你沒有辦法贏得對方的好感，甚至會失去原有的情誼。

所以，在說話溝通時，「說什麼」「用什麼口氣、態度、口吻說話」都很重要；而且，「不說什麼」，也很重要。

「不說什麼」比「說什麼」，需要更多智慧的拿捏與取捨啊。

「好好地說話、多說溫暖的話」，永遠比說「尖酸刻薄的話、盛氣凌人的話」，來得更受人歡迎。

雨中計程車裡的善意

善意，並不是義務，
卻是我們可以做到的美善、慷慨與選擇。

前一陣子，媒體報導，一名唐寶寶去買炸物，忘了帶四十元，被生氣、憤怒的老闆打電話叫警察來處理，把唐寶寶嚇得不知所措……

記得，多年前的一天，我在辦公室沖個澡，也換了一套西裝，準備前往一家公司演講。由於該公司沒有多餘的停車位，所以，我就帶著電腦和投影機的小行李箱，坐上一輛計程車。

計程車司機，大概五十多歲吧。

我和他閒聊了一下，最近生意好不好？……司機轉頭看我的打扮，也問我是做哪一行？

我簡單回答：「教書，也接一些演講……」

快到目的地時，我順手摸摸西裝褲的小口袋……完了、完了，這下完了！……可是，我還是要勇敢開口說啊！

那時，我鼓起勇氣，對司機說：「老哥，對不起，我要很誠實地告訴你——我忘了帶錢出來了！」我很尷尬，也很不好意思地又說：「出門前，我洗了澡，換了一套西裝，我的錢，忘了帶出來……」

哎呀，真是丟臉！

我很誠懇地對司機說：「我絕對不是故意騙你的……你可不可以給我你的手機號碼，我現在趕著去演講，演講完後，我一定會和你聯絡，再把錢還給你！」

司機轉過頭來，看我一眼，也看到我臉上的焦慮和糗態，說道：「看你的樣子，我相信，你是真的忘了帶錢……沒關係，才一百二十元而已，你不用記我的手機號碼，也不用還我錢，你趕快去演講吧！每個人都會有忘記的時候……」

聽了這司機的話，我心裡真是十分感動。

他堅決不告訴我手機號碼，只是笑笑地告訴我：「外面下著雨，你走路要小心點，一百二的小錢，你不用放在心上……」

我下了車，只見他開著黃色計程車，消失在台北市的街道上。

那天，在台上演講時，我告訴大家，剛才遇到的「溫暖和感動」。

「幫助別人，是最有意義的快樂。」

「能為別人服務，是快樂，也是福分。」

「主動去幫助別人、主動給別人一個真心的微笑；給人歡喜、給人方便、給人溫暖，就會讓自己更加愉快！」

「愛，就是我們為別人所做的一切。」

只要付諸行動、真心助人，我們就會得到心靈上最大的快樂，也會讓我們「在平凡中，見到燦爛！」

「善意，並不是義務，卻是我們可以做到的美善、慷慨與選擇。」

送給別人溫暖、付出真心，就能換來感動與真情。

其實，「任何工作，都可以是一場好戲」，我們都可以把我們這齣人生的戲，演得十分精采、讓人叫好。

而且，我們都是「自我形象的代言人」，我們都要用正向的表現、用微笑與真誠、用親切與服務，把自己的工作做到「可圈可點」「令人讚歎與懷念」。

「有能力助人，就是有福的人。」

「主動為別人服務，是快樂，也是福分。」

感動服務，就是一種叫做「用心、誠意與善待他人」的東西。

醫院裡的溫馨時刻

美善的溝通，是乘法，會讓人際之間的美好，有很棒的「相乘效果」。

上了年紀，醫師例行性幫我安排抽血、驗尿，來檢查「膽固醇、血糖、腎功能、肝功能……」一位男檢驗人員和其他醫護人員一樣，在疫情期間，都穿著防護衣，戴著口罩和護臉透明罩，幫我抽血。

男護理檢驗師拿二支尿管給我，對我說：「今天，檢驗項目比較多，等一下你要把尿放進兩支管子……」

「喔……好！」我點點頭說。

後來，男檢驗師幫我在手臂抽血處擦酒精、消毒，然後說：「請吸氣……」

我照做了。

咦，今天的男檢驗師很小心、細心；當針頭扎進血管時，我完全沒有感到疼痛。

抽完血，這男檢驗師拿小棉花與小片膠帶，幫我止血。然後，他抬起頭、看著我，輕聲地對我說：「老師，請您要多多照顧身體哦！」

天哪……突然間，我整個人麻了一下。

我隨便穿個短褲、T恤；而疫情期間，你戴著口罩、隔著透明罩；你是誰，我都不知道……

而你，大概也不是我教過的學生，因為，我沒有在醫學院教過課。

可是，你居然如此溫暖、真心地對我說：「老師，請您要多多照顧身體哦！」

當下，我真的好感動、好溫馨……

我猜，你應該是看到我健保卡上面的名字，知道我是誰……

而你，也應該是看過我的書的一名讀者。真的好謝謝你喔！

一句真心、溫暖的好話，令人感動；也讓我一整天，都感到無比的溫馨……

也有一次，在不同的醫院，我抽完血，拿著尿管，要到廁所集尿。

此時兩名女護理人員走了過來；其中一名，看到我，很開心、笑嘻嘻地問我：「咦，你是不是那位……戴老師？……我有聽過你的演講喔！」

天哪，我手上拿著「兩個尿管」，竟然還有人認出我來。可是，一時之間，我不知道該怎麼回答……只有尷尬地笑一笑！

這時，這名女護理人員對著身旁的女同事說：「他就是那位很有名的作家，戴晨志、戴老師啦……」

我的媽呀，我手上拿著「尿管」，急著要去廁所集尿，妳幹嘛講話那麼大聲啊……真是氣死人了。

前一陣子，也有一次我去一家醫院照X光，女護理人員叫我脫掉一些衣服，也笑笑地問我：「請問，你是那位作家……戴晨志老師嗎？」

我身上的衣服不多了，脫得只剩下內衣；看著她，我也只能尷尬地笑一笑、點個頭。

就這樣，照完X光，這名護理人員很開心地跟我說：「戴老師，我都有看你的書喔……很高興在這裡遇到你……麻煩你幫我簽個名好嗎？」

我一邊穿衣服、一邊整理褲子、一邊說：「好啊，謝謝妳……」

在此，祝福大家都身體健康，不用像我一樣，經常跑醫院。

萬一，在醫院碰到我，「手上拿著尿杯、尿管」，這時，請你假裝不認識我、千萬不要叫我……

（至少，請不要在我手拿著尿杯、尿管時與我相認，好嗎？）

在生活中，我們都可以做一個「加水的人」。

一、幫自己加水：我們不斷學習新觀念、新知識、新技能；也在有好成績時，對自己大方一點，犒賞自己，給自己一些獎勵。

二、多稱讚別人、給別人一些鼓勵，或給別人一些安慰和溫暖的話語；當我們默默地幫助別人、給別人加入「甘甜的水」時，一定會帶給

別人意外「加水的驚喜」，也會讓別人的生命之水，福杯滿溢。

多把讚美、感恩、關心的話語，說在口中；多把真誠的笑容，洋溢在臉上。

美善的溝通，是乘法，是會讓人際之間的美好，具有很棒的「相乘效果」。

說話中，話語若帶著關懷、肯定、幽默，就會讓彼此間充滿「愉悅和歡喜」。

因為，世界上最好聽的聲音，就是對別人「肯定、讚美、關心、鼓勵」啊！

加油站的暖意

真誠的服務，在於發自內心、
願意為對方無所求的付出和幫助。

十多年前的某一天，我開著車，經過台北建國南路高架橋下的陽光加油站；我停下車，順道加個油。

「歡……迎……光……臨……」迎面而來的是一個男服務生。他頭頸上，吊掛著白紗布、肱著左手，顯然，他的左手受傷了。

「請問……加……加什麼油？」這男服務生的講話，速度緩慢、似有點大

舌頭。

「九五加滿。」我回他說。

這大男生，左手不方便；他用右手慢慢地轉開油箱蓋，再拿起油槍、放進加油孔……

不久，他走了過來，問我：「先生，請問你……要刷卡……還是付現？……」

我有點累、沒多說話，只把「信用卡」和「統一編號」拿給他。

後來，汽油加滿了、油箱蓋轉緊後；這左手肱著、脖頸吊著白紗布的大男生，緩慢地把打好的發票和信用卡，一起交還給我。

這時，我的車窗尚未升起，但這大男生低側著頭，好像……想靠近我……一時之間，我感到有些「壓迫感」，不知道他到底想幹什麼？

此時，他，用有點漏風的舌頭、發音遲緩地對我說：「先生……請問……請問你的車上，有沒有什麼垃圾……你拿給我……我可以……幫你拿去……丟掉……」

我一聽，突然愣了一下，像被「觸了電一般」，呆坐在駕駛座。天啦，他竟然這樣對我說話，說了讓我如此——「意外、動心、溫暖的話。」

我的腦中空白了兩、三秒，才回過神，也笑著對他說：「喔，不用了，謝謝你！」

這時，我慢慢升起我的電動車窗，雙手握著方向盤，踩著油門，慢慢、靜靜地離開。

可是，我的眼眶，紅了起來、淚珠竟在眼眶裡打轉……

大男生，謝謝你！我在國內外開車三十多年，加了無數次的油；但，你的這段結結巴巴的話，卻是我所聽過——「最溫馨、最令我感動的一句話！」因為，你是第一個主動對我說：「想幫我，把車上的垃圾，拿出去丟掉的人。」

多年來，在如此紛亂、不安、冷漠、政黨彼此惡意攻擊的社會中，我真的，只遇見過這麼一次，「如此溫暖、窩心、令我感動」的加油站服務生。

在開車時，我一路在想：「如果我是這名家境不好、來加油站當工讀生的男服務生，我能夠如此客氣、柔軟、體貼、以客為尊嗎？」

我想，我可能、應該做不到。

一個人的力量很小，但一句發自內心的「溫馨、助人、溫暖的話」，卻能讓人永遠感動、銘記在心。

「只要用心、認真，什麼都能成，因為，你就是力量！」

用心的服務，不在於外表的美麗、俊帥與否？

真心的服務，不在於言詞是否流利、聲音好聽？

真誠的服務，在於發自內心、願意為對方無所求的付出和幫助。

雖然，他的外表不俊帥，右手吊掛著紗布；雖然，他的口齒似乎漏風、說話不清楚；雖然，他的動作十分遲緩……

然而，他那一顆美善、真摯為客人服務的心，卻是令人無限的感動！

一個人，即使身體有殘缺，但只要「心美、心善」，就會帶給別人無限的感動。

一個人，「做好自己、心存善良、幫助別人」，就是最棒的自己！

「本分＋勤奮」，就是最好的人才啊！

第五章

新意

創意用心，充滿信心

拎著小凳子上台的辯論者

一個人只要「有實力、有自信、有才華、有勇氣」，就一定會活得愈來愈精采。

有一名任職某大企業法務室的女性主管，在演講會時，她擔任司儀；她在介紹我出場時，向現場聽眾說了一個故事。

這名女主管身材高大，她拿著麥克風對台下的聽眾說——看到戴老師的身材，讓她想起年輕時念國立中興大學法律系的往事。當時，她口才流利、清晰，辯才無礙，所以成為該校「辯論隊」的主力隊員。

有一次，他們參加大專盃辯論賽，因為實力很強，所以打進了最後的冠亞軍總決賽。在這總決賽中，遇上的對手是誰呢？是台北工專隊。

哈，「國立中興大學」對上專科學校的「台北工專」，兩隊實力有別，真是太容易了，簡直是輕而易舉。

這名身材高䠷的女主管繼續說，在那場冠亞軍辯論賽中，他們表現很好，有如勢如破竹。可是，當台北工專的結辯男生一出場時，全場竟然哄堂大笑！

為什麼？因為，這結辯男生的身高很矮，大概只有一百四十多公分，而且，他手上還拎著一個「小凳子」，走向辯論發言台。

此時，全場聽眾、對方辯友、以及評審們，都已經笑翻了！

然而，這男生不管別人的笑聲，不疾不徐地把小凳子放在發言台前，站了上去，他的頭才超過發言台的高度。

一會兒後，這名身材矮小的結辯男生，從容、鎮定地對著麥克風，眼睛炯炯有神地說：「謝謝大家的笑聲！我要告訴親愛的對方辯友——**『濃縮，就是精華！』**很顯然的，我的精華度比你們高了很多……我就是精華度很高的『濃縮版』和『精華版』，這是我的特點，也是我的優點……一個人身材很高，不表示他的口才一定很好……」

哇，此話一出，全場的聽眾無不被這個子矮小男生的話所折服，現場也掌聲不斷、久久不息……

講這故事的司儀女主管說：「您知道嗎？那場辯論賽我們輸掉了，最後，台北工專贏得了冠軍！而那名身高特矮的男生，也得到了那場辯論賽的『最佳辯士獎』。」

這女主管又繼續說道：「三十年過去了，我永遠記得，那個子特矮男生的身影……現在，我們歡迎——也是個子矮小的戴晨志老師出場……」

這名女主管，是在我的演講會上擔任主持人時，講了這段往事，令我印象十分深刻！

當我上台時，我真心感謝她講了這麼棒的故事。

我說，我也是「濃縮版、精華版」的，因為我從念國立藝專開始，個子就不高，只有一百六十五公分。可是，個子矮有沒有關係？沒關係！一個人的「實力與自信」，才是最重要的啊！

您知道嗎，以前很多「電視名主播」個子都很矮呀，只是電視螢幕上看不出來而已。

「有實力，最神氣！」若只有個子高，沒智慧、沒腦袋、沒才華、沒勇氣、沒膽識，又有什麼用呢？

過幾年，我再去體檢時，護士量了量我的身高，大聲說：「戴先生，一六四・五。」

我一聽，很難過。我說，我應該是「一六五才對啊！」

那護士說，你現在只有「一六四・五」，還跟我說：「做人要誠實！」

前年，我再去體檢，護士說：「一六三．九。」天哪，我的個子到了中年，竟然縮水了，居然是愈來愈矮了。

可是，個子矮，沒關係，因為——「濃縮，就是精華啊！」

一個人的身高是濃縮版的，沒啥可恥！請別難過，因為一個人的智慧愈濃縮，精華度愈高啊！

一個人只要「有實力、有自信、有才華、有勇氣」，我們就一定會活得愈來愈精采。

我們不必去管別人的口舌和眼光，只要做出最棒、最精采的自己，人生的智慧與精華度，就會不一樣啊！

一個人身材的高矮，絕對不是決定成就的因素。

我參加過許多各行各業的表揚大會，上台接受頒獎、喝采的人，有很多是矮個子；甚至，也有不少上台頒獎、致詞的老闆，也都是矮個子。

所以，一個人個子高，英挺帥氣，或女生身材高䠷美麗，當然值得高興；但個子矮，也沒有什麼需要難過。

「人的態度，決定自己所走的路。」

一個人態度積極、樂觀、開朗，自然會贏得許多肯定與友誼！但，

如果態度消極、散漫，生活沒目標，則個子再怎麼高也沒用啊！

俗話說：**「樂由心生，境隨心運！」**

只要心裡快樂，凡事「勇於面對、勇於嚐試、樂於改變」，則老天都會幫助我們邁向成功啊！

所以，「苦中作樂，見真樂。」

我們在工作中，願意為自己打開一扇樂觀的心窗，也戴上彩色、歡喜的眼鏡來看世界，那麼，我們就能夠展開「微笑曲線」——微笑地走出自己的道路！

借我筆記的美國女孩

只要開口請教，問題與困難就可以解決，智慧也會因此而日漸增加。

我在年輕時，第一次出國，到美國威斯康辛州的馬凱大學（Marquette University），念廣播電視研究所。過去，我從國立藝專廣電科畢業，英文程度不好，考了八次托福考試，才通過，也申請到美國大學念書。

記得第一次上課時，教授講授的是「傳播研究方法」；這留著大鬍子的教授，上課輕鬆有趣，美國同學們經常哄堂大笑，但我卻不知道教授在講什麼。

也因為我英文不好，剛到美國語言尚無法適應，所以上課時我就無法做筆記。但，我也仔細看、觀察課堂上，哪一位美國女孩子很認真寫筆記？

我看準了一位金黃色長髮的女孩子，下課後，我就主動地走向她，壯起膽子、羞澀地跟她說：「我是Charles，今天是我來美國念書的第一次上課，我的英文還不是很好，沒有辦法寫筆記，所以，可不可以借一下妳的筆記，讓我影印一下？」

這美國女孩子聽了，似乎面有難色。

當時，我也不忘恭維她上課時，很用心寫筆記……

這時，美國女孩說：「好是好啦……我是怕我上課時寫的筆記，字很潦草、很醜，你可能會看不懂……」那美國女孩很認真地說，也順手拿出她的筆記。

我鍥而不捨地說：「沒關係，我影印一下，就馬上把筆記還給妳！」

此時，我順手翻了一下她的筆記看——「哎喲，還真是有一點醜！」可是，我又不方便當場說她的筆記有點醜、看不懂；我趕快說：「沒關係，我影印一下就好，我可以帶回去研究、慢慢查字典……」

這時候，這美國女孩對我說：「如果你真的要借我的筆記，這樣好不好，我回家後，我用打字機、幫你打好字之後，再拿給你！」

我一聽，哇，超感動，差一點就跟她說聲：「我……愛……妳……」

你知道嗎，這美國女孩回家後，真的用電動打字機（當時，個人電腦尚未普及），幫我把筆記，清楚地一個字、一個字打字出來，讓我能夠一目了然。

而且，因為我主動、真心地請求幫助，這漂亮的美國女孩子，不是幫我「只打一次筆記」，而是幫我——「打了一學期的筆記」。

就這樣，這美國女孩經常幫我修改作業、改正錯誤文法，或是幫我預先練習上台的口頭報告，也讓我度過——「我在美國念書、第一學期，語言最難適應的時候。」

在我們這一生中，有許多貴人；而這漂亮美國女孩，是在我年輕、剛到美國念書時，幫助我最多、讓我一直感動、感恩在心的一位「恩人」。

人常恥於「開口問人」；

但，若今天請教別人，能夠讓自己度過難關、邁向成功，豈不是很好嗎？

問題，是沒有愚蠢的；

人，只有「不問問題」時，才是愚蠢的。

NVIDIA輝達創辦人、AI教父黃仁勳執行長，受邀在二〇二三年台灣大學畢業典禮致詞時，曾向畢業生們提到一項重點，他說：「要有一顆謙遜的心，也要能夠在遭遇困難時，主動求救、尋求幫助；虛心求

教，從失敗中學習。」

當我們遇到不知、不懂、難解的事，都要「主動向人請教、求救」；或許有些難為情、不好意思，但只要開口請教，問題與困難就可以解決，智慧也會因此而日漸增加。

只要我們懂得「虛心請教他人」，也製造「別人教導我們的機會」，那麼，我們自然會從別人身上，學習許多寶貴的經驗和知識，同時，也會增進彼此的友誼。

所以，「主動開口、勇敢請教」，是我們必修的功課。

人生，也許因著一個「主動請教」，就可以改變一生的際遇；也很可能，好運，就會在我們意想不到時，悄悄降臨啊！

國中女生的美術字

「充滿自信，永遠看好自己」，是成就自己的不二法門。

有一天，雲林縣四湖鄉飛沙國中的林訓育組長，寄了兩張「學生閱讀紀錄簿」給我，也對我寫道：「博士您的影響力，一直刻印在學生腦海。」我仔細一看，原來是我九月初，前往飛沙國中演講，後來學生寫的「學生聽講記錄」。

這女學生畫了一張我在演講時的「卡通造型畫像」，也用特殊美術字體，寫著「我願意」三個大字。

同時，她又寫上自己的心得——「我覺得戴老師的演講很勵志，有很多人生的哲理，鼓勵我們去實踐、追求更美好的自己。」

這名女學生的字體，非常的工整，看出來是「很用心」寫的。而且，她非常有藝術、美術的天分；她用十分創意的字型，寫出「我願意」三個不同顏色、有陰影的立體字。

因為，我在演講時，告訴飛沙國中全校的九十五名孩子：

我們都可以學習——

我願意，讓自己更用心；

我願意，勇敢的站出來；

我願意，做一個自律的人；

☆寫下或畫下書裡大概的內容：
我願意
心得：
我覺得戴老師的演講很勵志，
有很多人生的哲理，鼓勵我們
去實踐、追求更美好的自己。

我願意，每天笑臉常開……

飛沙國中是雲林縣海邊的小學校，一共有十九位老師，是一個溫馨、又亮眼的小學校。訓育組林組長告訴我說，這名女學生，黃姿儀，是九年級學生，很細心、用心、低調，也是一名品學兼優的好學生。

我說，的確，

「這女孩子很有美術、繪畫的天分，他的美術字寫得太棒了，值得大大稱讚、表揚、栽培。」

黃同學也在紀錄簿上寫著，她在聽我演講時，學習到的優美詞句——

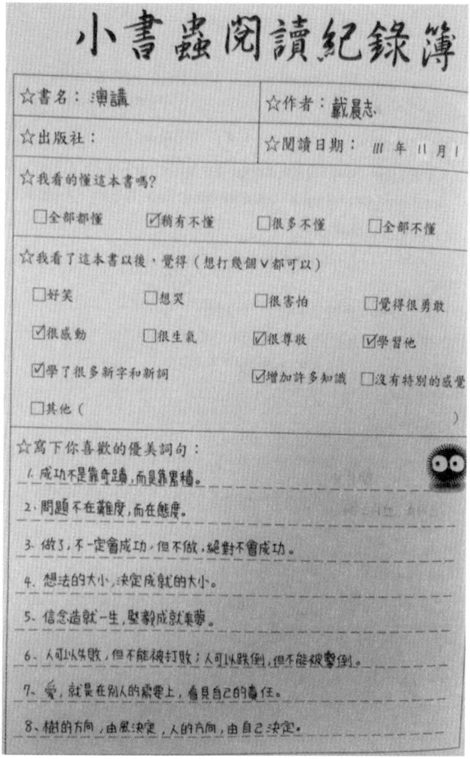

小書蟲閱讀紀錄簿

☆書名：演講　☆作者：戴晨志
☆出版社：　☆閱讀日期：111 年 11 月 1

☆我看的懂這本書嗎?
□全部都懂　☑稍有不懂　□很多不懂　□全部不懂

☆我看了這本書以後，覺得（想打幾個V都可以）
□好笑　□想哭　□很害怕　□覺得很勇敢
☑很感動　□很生氣　☑很尊敬　☑學習他
☑學了很多新字和新詞　☑增加許多知識　□沒有特別的感覺
□其他（　）

☆寫下你喜歡的優美詞句：
1. 成功不是靠奇蹟，而是靠累積。
2. 問題不在難度，而在態度。
3. 做了，不一定會成功，但不做，絕對不會成功。
4. 想法的大小，決定成就的大小。
5. 信念造就一生，堅毅成就美夢。
6. 人可以失敗，但不能被打敗；人可以跌倒，但不能被擊倒。
7. 愛，就是在別人的需要上，看見自己的責任。
8. 樹的方向，由風決定，人的方向，由自己決定。

- 成功不是靠奇蹟，而是靠累積。
- 問題不在難度，而在態度。
- 做了，不一定會成功，但不做，絕對不會成功。
- 想法的大小，決定成就的大小。
- 信念造就一生，堅毅成就美夢。
- 人可以失敗，但不能被打敗；人可以跌倒，但不能被擊倒……

看到這偏鄉國中女生，特別用美術字體，用心畫寫出大大的「我願意」三個字，我真的非常開心、喜歡。

「我願意」三個字，代表了「我可以、我接受、我渴望、我學習、我承擔、我挑戰……」

「充滿自信，永遠看好自己」，是成就自己的不二法門。有些人沒有自信、沒有目標與渴望，不看好自己，輕鬆隨便、渾渾噩噩度日，是多麼可惜！

「自信，來自生活中的自我嚴律。」

年輕時，「我願意」天天寫日記、寫採訪稿，沒想到，我成為一個「以寫作為業的人」；「我願意」天天練習播音、自我訓練口語表達、演講，沒想到，有一天，我成為電視記者、大學系主任，也在海內外演講三千多場。

只要真心地「我願意」、用心去做，成功的人生，不是「Mission Impossible」，而是「I'm possible.」

洗手間入口的對聯

只要真心、用心地為顧客付出，
就能散發出一股「愛的能量」。

十多年前，我到一家加油站加油，也順便到洗手間。一走向洗手間，讓我的眼睛為之一亮！天哪，這個加油站外面居然種滿了美麗、青翠的花草。

平常，我們到加油站的洗手間，都只是普通的洗手間；可是，這家加油站的入口，竟鋪了綠色的人工草皮，兩側還種植漂亮的盆栽，也綻放著小小花朵……

最叫人吸睛的是，這洗手間的入口，竟然還貼著對聯——

右聯寫著：**「英雄豪傑在此忍氣吞聲」**

左聯寫著：**「貞節烈女在此寬衣解帶」**

橫批是：**「川流不息」**

哈，看到這幅對聯，我不禁開心地會心一笑，也用手上的手機，把這幅對聯拍攝下來！

我相信，這家加油站的站長，做事一定是十分用心，也用「真心、真情」，為來加油的駕駛人提供最佳的服務；而且，這樣的對聯，一定不是從菜市場買回來的，而是請「高人」發想、針對加油站的特性，特別想出來的對聯文詞。

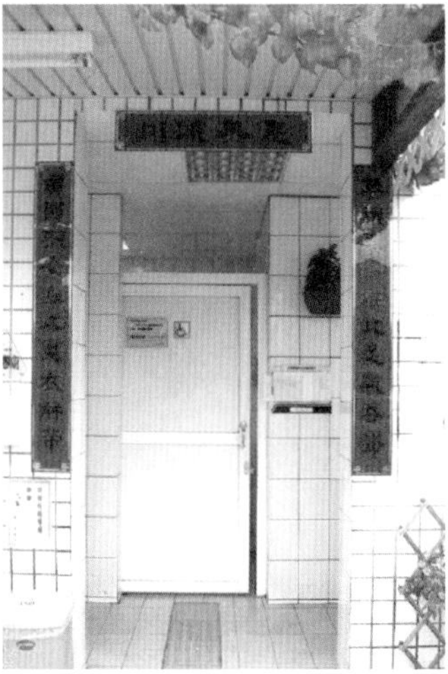

所謂「服務攻心」，就是——只

要真心與用心地為顧客付出，就能散發出一股「愛的能量」，也給予顧客一個「意外的驚喜」，來打動顧客的心，也建立起顧客的忠誠度。

二十多年前，我在埃及旅行時，坐遊輪在尼羅河上緩緩前進；晚上睡在遊輪上，白天則下船去、四處遊覽。

可是，當遊完千年古蹟、回到遊輪上的房間時，我突然看到「一隻鱷魚」，趴在我的床上。

當我仔細一看，原來是清潔服務人員前來整理房間時，將浴巾、床單，快速、簡單地做出一隻「鱷魚的模樣」來；而且，鱷魚的頭上還戴上我從美國奧瑞岡大學帶回來的帽子、眼睛還戴著墨鏡，嘴巴上還叼著電視

遙控器……哇，真的很有創意，不是嗎？

後來，聽團員說，每個房間的清潔服務人員，都會根據房間內，現有的東西，做出一個令人驚喜的動物造型，讓團員有「感動、歡喜」的感覺。

「創意，就是點子；點子，就是金子。」

「創意」，就是——「創造源源不絕、生生不息的生意。」

讓客戶滿意、覺得賞心悅目、創意十足、開心快樂，就是服務人員內心中，最高的成就與欣喜。

服務人員能在細微處，做出有創意、令顧客驚喜、讚歎的額外創

作，也就會讓人有——用心、用力、細心、令人感動的「超值感」。

宏碁公司董事長施振榮說：**「一個人的學歷只是基礎，假如對社會沒有貢獻、沒有熱情的服務力，就是人才的浪費。」**

台積電董事長張忠謀說：「發現自己的熱忱，永遠不嫌晚！」

只要有心，發現自己的熱忱，用熱情、用創意去服務他人，就會有特色，也就會有源源不絕的顧客上門。

寫著一手好字的醫師

懶，可以毀掉一個人；
勤，可以激發一個人。

說真的，我很羨慕那些硬筆字、毛筆字，寫得很漂亮的人。看到很漂亮的字跡，我的心中總是很羨慕；心想——要是我的字有那麼漂亮就好了！

有一天，我到台大醫院看診；年輕、帥氣的醫師看到我健保卡上的名字，就說：「喔……你就是那位很會寫文章、很有名的戴老師喔……」

就這樣，那帥哥醫師很熱心地幫我看診、開醫療檢查單……

真的，「好的醫師、好的問診態度，與溫暖的話語」，就是病人最好的「藥劑」和「安慰劑」。不久後，我的病症好了，我也和這帥哥醫師，成為好朋友。

前一陣子，這帥哥醫師用Line跟我說，他已經升等，成為「臨床教授」。

哇，這真是太棒了！

我真心的為他高興、為他恭喜；畢竟，在台大醫院當主治醫師，又升等為「臨床教授」，真的很不容易。

而且，這帥哥醫師，不僅醫術高明、為人和藹可親、笑臉常開；他的字，更是「一級棒」，讓我嘆為觀止。**他平常，經常以寫字，來靜下心情、紓解煩躁，讓自己心平氣和……**

有一天，這帥哥醫師又傳Line給我，告訴我說：**「很喜歡老師這段發人深省的文字，吟詠再三，於是寫了下來，放在案前勉勵自己，謝謝老師。」**

當我看到這帥哥醫師的硬筆字，我真的很感動。

當台大醫院的醫師，每天那麼忙碌，他還要用心閱讀，看到好的文字，要自己「吟詠再三」，還要選用「最好的紙、最喜歡的筆、最認真的心」，一個字、一個字，用心地寫下來，並且放在書桌案前、來勉勵自己！

想到這帥哥醫師的認真、用心態度，我真是佩服！我們也可以學習他——「把好的文字，多吟詠、朗讀幾次，也找一張好的紙，和一支好筆，用心地書寫下來。」

因為，成敗靠「用心」，

輸贏靠「細心」啊。

我獲得這位台大帥哥醫師的同意後，謹貼出部分他寄給我的——「他手寫的漂亮文字」，與大家分享；也讓大家看看，一位成功、傑出的台大醫師，他在醫療的專業之外，真實生活的另一面——「認真、用心、積極的學習與實踐的態度」。

「想贏得榮耀，就要過有目標、有決心的生活。」

「自信＋自律＋創意」，必能讓自己閃閃發光。

我這位台大醫院的醫師朋友，十分認真、用心；每次他的下午門診，其他醫師或許五點多就看完門診，他總是細心、耐心地看診，經常看到晚上七點多，才看完所有病患。

一個人，找到自己的工作專業，內心也充滿熱愛與執著、悲天憫人的情懷，更有美滿的家庭支持、也有釋放工作壓力的興趣與方式……這樣，就讓人生有了「使命感」「成就感」「幸福感」啊！

懶，可以毀掉一個人；

勤，可以激發一個人。

「人要勤，不要懶；要專業，才能不失業。」

「自棄者，扶不起；自強者，擊不倒。」

我們都要成為一個「有專業知識、技能、也讓別人爭相禮聘、挖角、重用的好人才。」

寫著孩子名字的紅包袋

父母的行為與態度，
常常是孩子的一面鏡子。

大約十年前了吧。記得有一次，我應邀到台南市某佛教團體演講；我不談宗教，我只是和台下眾多的信徒與民眾，分享──「溝通與激勵」的故事與正能量。

當天晚上演講結束，大約已經九點半，許多聽眾選購書籍，排隊請我簽名。

後來，一位老媽媽走到簽名桌前，手拿一個紅包袋，面帶微笑的對我說：

「戴教授，謝謝你今天的演講，你講得真好，我好感動……可是，我年紀大了，眼睛不太好，不太能看書……我只有挑兩本書，要買回家去，慢慢看……

紅包裡，剩下的錢，我不知道要怎麼捐、也不知道要捐到哪裡？……你比較知道可以捐去哪裡，麻煩你，幫我拿去捐給需要的孤兒院……」

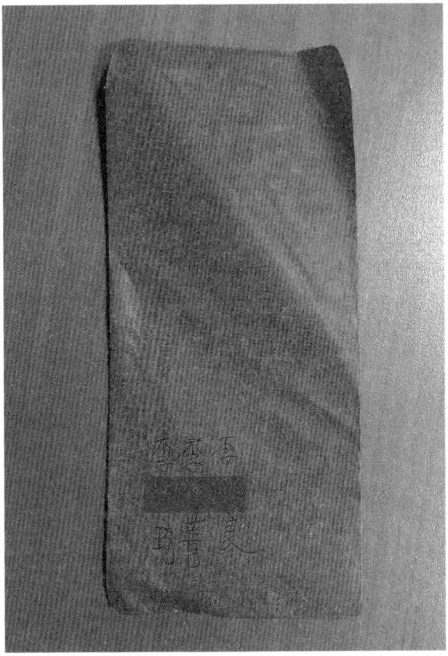

剎那間，我甚是感動。

我在演講時，是有播一些我拍攝的孤兒院影片，老媽媽大概頗有感觸，所以交代我，幫她把購書剩下的兩、三千元，捐給孤兒院。

當時，我有看了一下這紅包袋，上面還寫著「三個孩子的名字」；也就是，這紅包，是三個孩子一起聯名，送給媽媽的……

我為老媽媽簽完名、把二本書雙手交給她，也告訴她——「我一定會幫妳把妳的善心、善款，捐贈到孤兒院……」

當下，老媽媽拿著兩本書，歡喜地離開。

已經過了十年了，我不知道這位老媽媽是誰？但，我還留著她交給我的——「三個孩子一起送給媽媽的紅包袋」。三個孩子如此的「孝心」、老媽媽如此的「愛心」，真是讓我感到溫暖。

這紅包袋，一直放在我辦公室的抽屜裡……

在此夜裡，想起剛離世不久的母親，她也總是「省吃簡用、捨不得隨便花錢」，而把辛苦節省下的金錢，捐贈給更需要的團體和教會……

給人信心、給人幫助；

給人溫暖、給人歡喜。

我們，多多地「給予」，就會有更多的福分與快樂。

有一位已經有了孩子的媽媽說：「現在社會治安這麼壞、這麼亂，許多女孩被強暴、被潑硫酸，不然就是碰到『割喉之狼、割臀之狼』……以前我都不覺得父母有什麼偉大，現在結婚、當了媽媽之後，才覺得，以前父母把我們扶養到這麼大，讓我們平平安安長大、毫髮無傷，真是很不容易啊！」

是的，在「當了媽以後，才知道不如媽」，也才體會到——子女再怎麼孝順，都無法回報父母生育、養育、教育之恩於萬一啊！

看到這位老媽媽，在我演講之後，和讀者們一起排隊、讓我簽名，還請我把子女們給她的紅包錢，捨不得自己發用、幫她捐贈到孤兒院……真是令人敬佩！

「身教是榜樣，言教是愛。」

父母的行為與態度，常常是孩子的一面鏡子。

父母對孩子好，孩子就看到「歡喜的鏡子」；

父母嚴厲斥責孩子，孩子就看到「憤怒的鏡子」；

父母喜歡購書、閱讀，孩子就感染上「喜歡閱讀、用心學習」的氣息；

父母熱心公益、幫助弱勢，孩子也會看到一面「會發光的鏡子」，進而養成一顆善良、助人的心。

路不會到盡頭，只要懂得轉彎

被嘲笑、被歧視、被看不起；
但這些屈辱，都是「讓自己向上的最大動力」。

到屏東演講時，我認識了一知名的腦神經科醫師。在吃飯閒聊時，這醫師談到他念高中時，是一名運動健將，曾多次在全國田徑賽中拿到金牌。

當時，他只喜歡運動，不喜歡念書，所以沒有考上任何一所大學。可是，他的女朋友成績不錯，應屆考上了某私立大學法律系。

一天，念大學的女朋友對他說：「你的成績這麼差，連一所學校都沒得念，每天就喜歡玩，肌肉練那麼結實有什麼用？也不能吃……我們真的不合適在一起……」就這樣，這男生被迫與女友分手了。

沒辦法，誰叫他不愛念書，成績不好，沒學校念。

後來，這男生痛定思痛、下定決心，到補習班報名，準備重考。他知道，只有用成績考上好大學，才能證明自己是個有用的人，否則，只會被女友譏笑為「四肢發達、頭腦簡單、沒學校可念」的人。

一年後，這男生以優異的成績考上「國防醫學院醫學系」；不過，他仍沒有放棄原來喜歡的田徑運動；他每天不斷練習田徑，大學期間，也代表台灣出國比賽，多次奪得金牌。

這名醫師對我說，還好當年他懂得把「挫折」轉化成「正向的力量」，沒有去糾纏對方，也沒憤怒地找她談判，或是氣憤地把女孩毀容……只是「把悲憤化為力量」，也「把怒氣，轉化成爆發力」，讓自己做出漂亮成績來。

後來，這男生於國防醫學院畢業後，從小醫師開始做起，逐漸成為知名的腦神經科醫生；如今，他已被高薪禮聘，到南部的一所大醫院，擔任懸壺濟世的名醫。

這醫師對我說：**「真感謝當時被女朋友拋棄！要不是被女朋友嘲笑、刺激、看不起，他不會努力考上醫學院，也就不會有今天的成就了……」**

多年前，我曾收到一名女讀者的來信，她說：「戴老師，我要很誠實的說，第一次看你的書，是我在垃圾桶裡撿到的，真是很對不起……

我是一個多災多難的女人，人生一路走來的道路也很不平——

結婚後的老公，超愛喝酒，經常喝得宿醉；

第一次買車子，在等紅綠燈時，就被撞了；

第一次買房子，就遇到九二一大地震，房子倒了；

第一次住進新房子，遇上火災，房子也被燒了……

但是，當我看到戴老師的書之後，告訴自己：『這些災難，都是老天爺在磨鍊我而已！』每當我的心情不好，就看戴老師的書，即可學習放下負面的情緒，也可以增長很多智慧，感謝您一路陪著我……」

看到這封信，我真的很感動！生命中，充滿這麼多挫折的女性，卻以如此堅強、樂觀、正向的態度來面對困頓的人生，真是十分了不起啊！

英文有一句話說：「Every dog has his day.」這句話的直譯是「每隻狗都有好運的一天」，意譯就是「十年河東，十年河西；風水輪流

轉。」

人，常被「嘲笑、被歧視、被看不起」；但這些屈辱，都是讓自己向上的最大動力。沒有被嘲諷，如何惕勵自己更健步如飛、衝向目標？

當別人嘲笑我們時，我們就必須更努力地表現自己，讓別人對我們「跌破眼鏡、刮目相看」，也要「把嘲笑，當激勵」。

當被別人嘲笑時，我們要憤怒地跟對方理論、咆哮、鬥毆嗎？

不，那是「沒有EQ的人」做的事。你我EQ好的人，要懂得情緒管理——**「被嘲笑、氣不過時，別追殺，要走開、要轉念！」**

真的，路，沒有到了盡頭，只是我們該「轉彎」了。

黑夜的轉彎，是白天；

悲傷的轉彎，是快樂！

「轉個彎，路更寬！」只要我們懂得情緒轉彎，不憤怒、不抓狂，堅持新的目標與行動，則命運，就會從此大大改變。

國家圖書館出版品預行編目資料

感動的時刻，力量最大：真情相待，都是人性美與善的循環／
戴晨志著. -- 初版. -- 臺北市：圓神出版社有限公司, 2023.08
256 面；14.8×20.8公分 --（勵志書系；158）

ISBN 978-986-133-885-9（平裝）
1.CST：成功法
177.2　　112009522

Eurasian Publishing Group 圓神出版事業機構 用心與你對話．網野無限寬廣　圓神出版社 Eurasian Press

www.booklife.com.tw　reader@mail.eurasian.com.tw

勵志書系 158

感動的時刻，力量最大：

眞情相待，都是人性美與善的循環

作　　者／戴晨志
發 行 人／簡志忠
出 版 者／圓神出版社有限公司
地　　址／臺北市南京東路四段50號6樓之1
電　　話／（02）2579-6600．2579-8800．2570-3939
傳　　真／（02）2579-0338．2577-3220．2570-3636
副 社 長／陳秋月
主　　編／賴真真
專案企畫／尉遲佩文
責任編輯／林振宏
校　　對／林振宏．歐玟秀
美術編輯／蔡惠如
行銷企畫／陳禹伶．林雅雯
印務統籌／劉鳳剛．高榮祥
監　　印／高榮祥
排　　版／莊寶鈴
經 銷 商／叩應股份有限公司
郵撥帳號／18707239
法律顧問／圓神出版事業機構法律顧問　蕭雄淋律師
印　　刷／國碩印前科技股份有限公司
2023年8月　初版

定價 380 元　ISBN 978-986-133-885-9

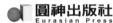